AF569149

Regula Sulser

Entschuldigung, dass ich störe

Wie ich zur Hoffnungs-Lieferantin wurde

Regula Sulser

Entschuldigung, dass ich störe

Wie ich zur Hoffnungs-Lieferantin wurde

Das verwendete Papier ist FSC-zertifiziert. Als unabhängige, gemeinnützige, nichtstaatliche Organisation hat sich der Forest Stewardship Council (FSC) die Förderung des verantwortungsvollen und nachhaltigen Umgangs mit den Wäldern der Welt zum Ziel gesetzt.

Die Deutsche Bibliothek verzeichnet diese Publikation in der Deutschen Nationalbibliografie; detaillierte bibliografische Daten sind im Internet über www.d-nb.de abrufbar.

Bibelzitate wurden der folgenden Übersetzung entnommen:
Neues Leben. Die Bibel © der deutschen Ausgabe 2002 / 2006 / 2017 SCM R. Brockhaus in der SCM Verlagsgruppe GmbH, Holzgerlingen

Umschlaggestaltung: spoon design, Olaf Johannson
Umschlagbild: Portraitfoto Regula Sulser: Roland Juker
Lektorat: Dr. Ulrich Parlow
Satz und Herstellung: Edition Wortschatz

Edition Wortschatz, Neudorf bei Luhe
ISBN 978-3-910955-10-3, Bestell-Nr. 588 910

www.edition-wortschatz.de

EDITION WORTSCHATZ

Inhaltsverzeichnis

Vorwort

Es war im September 2023. Wir sassen beim Nachtessen auf dem Flussschiff Lord Byron. Kurze Zeit vorher waren wir in Lyon gestartet, Richtung Südfrankreich. Irgendwann begann sie zu erzählen. Von dunklen und hellen Zeiten des Lebens. Regula Sulser war tief in einer Krise, litt zunehmend unter schweren Depressionen. Sie erzählte von einem Gott, der sie damals enttäuscht hatte, weil sie ihn nicht mehr spürte. Und wie sie irgendwann deutlich das Wort «Mahlzeitendienst» hörte. Das war ein Auftrag von ganz oben: Einer glaubte noch an sie.

So begann die gelernte Köchin, einen Lieferservice aufzubauen. Gourmet Domizil. Einst als «Einfrau-Betrieb» in der privaten Küche gestartet, heute ein Unternehmen. «Liebe geht durch den Magen» ist bei ihr mehr als ein Slogan oder eine Redewendung. Das lebt Regula Sulser.

An dem Abend haben wir in der Runde lange zugehört und ich spürte: Diese Frau ist einzigartig. Ich kenne Depression aus meinem Leben. Ich weiss, wie es sich anfühlt, wenn man denkt, es geht nicht mehr tiefer. Nicht zuletzt deswegen hat mich die erste Begegnung wachgehalten in der Nacht. Eine Frau, die wieder aufgestanden ist, um zu dienen.

Dann begegneten wir uns wieder. In Wiesbaden. Das goMagazin hatte zum zweiten Mal die Heroes of Hope Awards verliehen. Wir beide wurden im Rahmen einer feierlichen Preisverleihung als Hoffnungsträger ausgezeichnet, die sich auf ganz unterschiedliche Weise dafür einsetzen, die Lebensqualität anderer Menschen zu verbessern. Neben ihr kam ich mir klein vor – nicht nur, weil Regula grösser als ich ist.

Ihre Geschichte macht Mut, inspiriert, ist gelebter Glaube. Solche Menschen habe ich immer wieder im Talk «Fenster zum Sonntag» als Gäste empfangen.

Ich bin froh, dass ihre Geschichte ausführlich als Buch unter die Leute kommt. Der Titel ist treffend. Ich möchte noch anfügen: Danke, Regula, dass du mich «gestört» hast. Danke, dass es dich gibt. Stör bitte weiter!

Ruedi Josuran

Intro

Ich sass seit Wochen tagsüber nur noch im Wohnzimmer und starrte ins Leere. Alles strengte mich an. Es gab nichts, was mir Freude machte. Im Gegenteil: Alles Schöne klagte mich an. Der Sonnenschein und die Wärme draussen. Die Musik, die mir sonst so viel Freude machte, mochte ich nicht mehr hören und eines meiner Musikinstrumente spielen schon gar nicht. Ich war zu Hause und hätte Zeit gehabt für meine Hobbys. Doch ich hatte keine Energie mehr in mir. Alles Schöne schien gegen mich zu sein. So fühlte ich mich jedenfalls. Im Haushalt machte ich nur noch, was dringend nötig war. Oder nicht mal das. Mein Arzt schrieb mich schon seit einigen Wochen krank. Meine Depression war inzwischen so heftig, dass sie physisch schmerzhaft war. Das kann man nicht beschreiben. Es tut richtig weh im Herzen. Und in der Seele, obschon die ja gar kein Organ ist. Aber der Schmerz ist spürbar. Man denkt an nichts mehr.

Seit meinen Teenagerjahren glaubte ich an den Gott der Bibel. Mit 14 Jahren hatte ich mich für Jesus entschieden. Ich glaubte an Gott und dass er Gebet erhört. Ich war fast jeden Abend aktiv in einer Freikirche, seit vielen Jahren. Ich meinte es ernst mit Gott und mit der Kirchenmitarbeit. Jetzt war es das erste Mal, dass ich mich und meinen Glauben ehrlich anschaute und mich auch traute, ehrlich mit Gott zu reden. «Herr, in der Bibel steht so viel von Lebensfülle und von der Freude im Herrn. Aber in meinem Leben sehe ich herzlich wenig davon. Ich will alles von dem, was du versprichst. Oder ich lasse es bleiben mit dir!»

Es war ein Hilfeschrei mitten aus meiner Depression. Ich glaubte von ganzem Herzen, dass Gott lebt. Dass die Bibel wahr ist und dass Gott mich heilen kann. Gleichzeitig hatte ich keinerlei Vorstellung, wie das geschehen sollte. Mein Leben war trostlos, sinnlos, hoffnungslos, freudlos, streng. Ich hatte genug.

1. Elternhaus und Kindheit

Der Blick zurück

Ich kam am 30. August 1966 in Zürich zur Welt. Und blieb Einzelkind. In der Schule fühlte ich mich deswegen als Aussenseiterin. Ich war während der gesamten Schulzeit die Einzige in der Klasse ohne Geschwister und hatte daher nichts von Geschwistern zu erzählen. So gerne hätte ich einen Bruder oder eine Schwester gehabt. Ich erinnere mich, dass ich meiner Mutter einmal auf den Einkaufszettel schrieb, sie solle mir einen Bruder mit nach Hause bringen. Erst über 20 Jahre später erzählte mir meine Tante, die Schwester meiner Mutter, dass die Ärzte meinen Eltern nach meiner Geburt geraten hatten, keine weiteren Kinder mehr zu bekommen. Meine Mutter litt unter einer schweren Kindbettdepression. Damals kannte man offenbar keine anderen Behandlungsmethoden als den Verzicht aufs Kinderkriegen.

Meine Eltern waren beide depressiv. Auch ich selber kannte nichts anderes. Aber ich wusste nicht, dass man das so nennt. Es war ja der Normalzustand bei uns zu Hause.

> **Und es war die erste Prägung, dass es mir ja eh schlecht geht. Es sind immer die anderen, die Erfolg haben, glücklich sind und denen es gut geht. Wir werden es nie zu etwas bringen. Diese Haltung sass tief in mir drin.**

Ich erinnere mich an eine Situation in der zweiten Klasse, als ob es gestern gewesen wäre. Auf dem Pausenhof sass ich meist alleine in einer Ecke. Herumtoben oder mit anderen Schülern spielen war gar nicht mein Ding. Eine Schulkameradin kam zu mir und fragte mich, ob bei mir in der Familie jemand gestorben sei. Ich sei immer so traurig! So sah mein Verhalten schon als Siebenjährige aus und das wurde sogar von einer gleichaltrigen Schülerin wahrgenommen.

So gerne hätte ich gelacht. Einfach herzhaft gelacht. Ich vermisste es schmerzlich. Aber ich konnte einfach nicht lachen, ich «hatte» kein Lachen. In der Jugendgruppe war eine junge Frau, die oft und herzlich lachte. Ich beneidete sie darum. Damals betete ich zu Gott, dass er mir ein Lachen geben möge. Ich spürte, dass es meine traurige Seele befreien könnte. Erst viele Jahre später, mit der Heilung meiner Depression, kam auch ein gesundes, fröhliches, ansteckendes, spontanes Lachen aus mir heraus. Manchmal lache ich auch, wenn ich ganz alleine bin. Jetzt ist mein Lachen ein Zeichen meiner genesenen Seele. Und heute erlebe ich mit den Senioren, wie gut es ihnen tut, wenn sie an unseren Seniorenfesten herzhaft lachen können.

Schon als Kind hatte ich Freude an Tieren. So gerne hätte ich ein Haustier gehabt, zum Beispiel ein Küken. Mein Vater erklärte mir, dass ein Hühnerei Wärme brauche und daraus dann ein kleines Küken schlüpfe. Ich wollte unbedingt ein so kleines, niedliches Küken. Das mit der Wärme wäre ja einfach zu bewerkstelligen. Also schnappte ich mir ein rohes Hühnerei aus dem Kühlschrank und wickelte es in eine riesige Wolldecke. Ich verschloss die Decke mit einer Sicherheitsnadel und legte das Ganze in meinen Kleiderschrank. Und vergass das Projekt «Küken».

Einige Wochen später kam ich von der Schule nach Hause. Meine Mutter war daran, mein Zimmer aufwendig zu reinigen. Sie war wütend und ich verstand zuerst nicht, warum. Sie hatte etwas in meinem Kleiderschrank versorgen wollen und sich dabei über eine zusammengerollte, zerknitterte Decke gewundert, sie dann genommen und ahnungslos ausgeschüttelt. Dabei war das inzwischen faule und stinkende Hühnerei durch mein Zimmer geflogen und auf dem Teppich zerplatzt. Darauf folgte ebendiese ungeplante Putzaktion. Und aus meinem Küken wurde nichts. Dafür bekam ich wenig später ein Meerschweinchen. Das kleine Tier machte mir grosse Freude und es wurde zu einem richtigen Familienmitglied. Das war der Anfang einer Faszination, die bis heute andauert.

Uns geht es immer schlecht

Ich lernte früh, mich anzupassen, damit es mir gut geht. Zumindest oberflächlich gut. Ich sehnte mich unendlich nach einer Umarmung von meiner Mutter oder meinem Vater oder wenigstens einem Wort der Liebe, Zuneigung und Bestätigung. Aber beide waren so sehr mit ihrer eigenen Not beschäftigt, dass meine Bedürfnisse keinen Platz hatten. Zumindest nicht meine seelischen Bedürfnisse. Seit ich laufen kann, haben mich meine Eltern nicht mehr berührt oder in den Arm genommen. Man hat sich in der Familie bestenfalls die Hand gegeben bei einem Abschied. Oder zum Gratulieren am Geburtstag.

Meine Eltern waren darum besorgt, dass es mir physisch gut geht und ich später eine Ausbildung machen konnte. Ich werde immer wieder gefragt, ob ich ein gewolltes Kind war. Ja, ich denke schon. Aber meine Eltern gehören zu einer Generation, wo man eben neun Monate nach der Hochzeit ein Kind bekam, ohne sich bewusst zu sein, dass so ein kleiner Mensch Bedürfnisse hat, die über Kost und Logis hinausgehen. Ein Kind braucht Liebe und Bestätigung.

Die Haltung in meiner Herkunftsfamilie war:

> **Wir werden es nie zu etwas bringen. Uns ist nichts Gutes vergönnt. Wir haben immer Pech. Wir sind arm und bleiben es auch. Alle sind gegen uns.**

Das hörte ich verbal und nonverbal. Und ich glaubte es. Ich erlebte es ja täglich. Mit Anpassung stimmte immerhin die äussere Harmonie in der Familie. Aber mein Liebestank blieb leer. Und schon früh machte sich Resignation in meinem Denken breit.

> **Ja, mir ist nichts vergönnt. Ich bin Aussenseiter und ich störe, das wird immer so sein. Nur allen anderen geht es gut.**

Diese Gedanken nisteten sich immer tiefer in meiner Seele und meinem Geist ein. Positive Gedanken hatten gar keinen Raum in mir. Es wurde zum Bild für mein Leben und meine Zukunft. Und eine weitere Aussage prägte sich mir ein und bestimmte mein Denken:

> **Das kannst du nicht. Das macht man nicht. Das geht nicht.**

Du störst

Meine Spielkameradinnen und -kameraden sind nie gerne zu mir nach Hause gekommen. Wenn mein Vater von der Arbeit nach Hause kam, suchten sie fluchtartig das Weite. Und irgendwann habe ich sie gar nicht mehr zu mir eingeladen. Es war mir selber nicht wohl, wenn meine Kameradinnen bei uns zu Hause waren.

Ich fühlte mich schuldig, weil mein Vater seine Ruhe wollte und wir Kinder nur störten. Nicht weil ich besonders laut war, nein, schon meine Anwesenheit war ihm zu viel. Gleichzeitig ermahnte mich meine Mutter: «Du sollst nicht so oft zu anderen Familien nach Hause gehen: Du störst!»

«Du störst.» Das höre ich heute noch in mir nachklingen und es prägte mein kleines Kinderherz. Ich störte zu Hause und ich störte auswärts. Also störte ich immer und überall. So ging ich nicht mehr so oft zu anderen Kindern nach Hause und fing an, in mir eine Schutzmauer zu bauen vor seelischen Wunden. Anders konnte ich mit diesen Eindrücken und Erlebnissen nicht umgehen. Vermutlich war diese Ermahnung meiner Mutter der Beginn meiner Flucht in eine Traumwelt. Wenn ich hier störte, wo sollte ich denn hin? Und mit wem sollte ich über meine Sorgen reden?

Wenn ich zurückschaue, erkenne ich viele Spuren Gottes in meinem Leben. Von Beginn an hielt er seine Hand über mir. Warum hat er mich denn nicht gleich vor allem Bösen und Schwierigen bewahrt? Das ist für viele Menschen vermutlich die Frage aller Fragen. Ich sehe heute seinen Schutz über mir, bevor ich wusste, dass es Gott gibt. Bevor ich wusste, dass er sich für mich interessiert. Gott hat vieles in meinem Leben gelenkt, von dem ich keine Ahnung hatte. Heute kann ich meine Senioren verstehen, wenn sie aus ihrem Leben erzählen von genau dem: Einsamkeit, Depression, Hass, Traurigkeit. Das ist ein grosses Thema bei vielen. Ich könnte diese Menschen nicht verstehen, hätte ich das nicht selber erlebt. Und ich höre täglich mindestens einmal von den alten Menschen, die anrufen: «Entschuldigen Sie, dass ich störe.»

Ich schuf also meine Traumwelt von einer intakten, harmonischen Familie. In dieser Traumwelt lebte ich. Tag und Nacht. Viel später brauchte ich dann allerdings eine bewusste Befreiung aus dieser Traumwelt heraus, denn sie ist keine Lösung. Der Schutz eines Kindes wird zum Fluch, wenn es erwachsen wird. Aber als Kind war es wohl meine Rettung.

Am Sonntag ist Sonntagschule!

Meine Familie wohnte in der Stadt Zürich im Kreis 4, mein Pate Ami und seine Frau Vreni wohnten im Zürcher Seefeld am Zürichsee. Ich war sehr gerne mit ihnen zusammen. Sie konnten selber keine Kinder bekommen, und so hatten sie immer Zeit für mich. Sie hatten eine Katze, die hiess Peterli. Mein Pate war gebürtiger Westschweizer und sprach Deutsch mit starkem französischem Akzent. So rief er seinen Kater «Bedeli». Im Laufe meiner Kindheit erlebte ich nacheinander mindestens drei ihrer Katzen und alle hiessen Peterli. Oder eben Bedeli.

Die Sonntagmorgen waren reserviert für gemeinsame Zeiten mit meinem Vater. Es war noch im Vorschulalter, als mich mein Vater an der Hand nahm für einen Spaziergang bis an die Limmat. Dort stiegen wir ins Limmatschiff und fuhren ins Zürcher Seefeld, wo wir meinen Paten und seine Frau besuchten. (Das flache Limmatschiff bietet Platz für ca. 50 Passagiere. Es liegt sehr tief im Wasser, sodass man sitzend gerade auf die Wasseroberfläche schaut.) Wie ich das liebte! Nicht ein Geschenk oder etwas Materielles. Sondern die Zeit mit meinem Vater.

Bis zu dem Tag, wo meine Mutter bestimmte, dass ich ab sofort sonntags in die Sonntagschule müsse. Dazu sei der Sonntag da. Mein Vater resignierte, was später noch öfters der Fall war. Fertig und Schluss mit unseren Spaziergängen, den sonntäglichen Besuchen beim Paten und den Limmatschifffahrten. Wenn ich jetzt zurückschaue, glaube ich, dass diese Zeiten mit meinem Vater und meinem Paten mir besser getan hätten als die Sonntagschule. Nein, nichts gegen die Sonntagschule. Aber in diesem Fall wären die Familienbesuche und die Aufmerksamkeit meines Vaters wichtiger gewesen für meinen eingeschüchterten Geist.

Ist es denn immer das Fromme und Religiöse, das zwingend das Richtige ist? In der Rückschau erkenne ich, dass in diesem Moment der innere Kontakt zu meinem Vater für immer zerbrochen ist. Wir machten nie mehr etwas gemeinsam. Ich war zu klein, um zu entscheiden oder dass meine Einsprache gehört worden wäre. Und mein Vater war zu schwach, um zu widersprechen oder selber zu entscheiden. So entstand eine Mauer zwischen meinem Vater und mir.

Meine Mutter schickte mich in den nächsten Jahren zu allen christlichen Anlässen, die es in der Nachbarschaft gab. Eine Nachbarin begann, am schulfreien Mittwochnachmittag in ihrem Wohnzimmer Kinderstunden zu halten. Ich ging hin, damals war ich fünf oder sechs Jahre alt. Überhaupt ging ich überall hin in der Hoffnung, Liebe, Annahme und Aufmerksamkeit zu bekommen. Bei der ersten Kinderstunde war die Stube voll mit einem Dutzend Kindern. Ich erinnere mich, wie die Frau ein Bügelbrett über zwei Stühle legte, damit wir kleineren Kinder darauf sitzen konnten, weil sie zu wenige Stühle hatte. Sie erzählte eine biblische Geschichte und illustrierte sie mit Flanellbildern an einer grossen Tafel. Dann gab es Kuchen und Sirup.

Eine Woche später ging ich wieder hin. Aber diesmal war ich das einzige Kind, es kam sonst niemand. Ich war traurig, weil ich dachte, nun müsste ich wieder gehen, weil es sich ja nicht lohnte, für mich alleine eine Geschichte zu erzählen. Aber die Frau hat nur für mich die Kinderstunde gehalten! Sie hat für mich alleine eine Geschichte erzählt. Ich erinnere mich nicht mehr daran, was sie erzählt hat. Aber ich spüre noch heute ihre Liebe und Leidenschaft, dass sie es getan hat, und ich sehe sogar noch ihr Lächeln vor mir. Die Wertschätzung und Liebe, die sie mir damit gezeigt hat, zählte mehr als alles andere, selbst mehr als die biblische Geschichte. Ich bin es wert! Das war die Geschichte für mich.

Umgekehrt gab meine Mutter einige Jahre später in unserer Wohnung selber Kinderstunden für die Nachbarskinder, während ich in der Schule war; ich war damals etwa zwölf Jahr alt.

Wenn ich nach Hause kam, sah ich, wie meine Mutter sich Zeit nahm für fremde Kinder und wie diese mit meinen Spielsachen spielten. Das ertrug ich nicht. Natürlich sagte ich nichts, das wäre ja unchristlich gewesen und hätte meiner Mutter bestimmt nicht gefallen; von dieser Meinung war ich jedenfalls geprägt. Aber ich kommunizierte es nonverbal, und das sehr klar, indem ich mich zurückzog und keine Freude zeigte. Mein Liebestank war immer noch leer, wenn nicht ausgetrocknet. Und dass fremde Kinder von meiner Mutter das bekamen, wonach ich mich so sehr sehnte, damit konnte ich nicht umgehen. Meine Mutter merkte das und warf mir vor, ich sei eifersüchtig. Ja natürlich war ich eifersüchtig! Und wieder fühlte ich mich schlecht und schuldig und traurig.

Als Teenager vertraute ich mich in der Kirche einer Leitungsperson an, die in Seelsorge ausgebildet war. Ich brauchte dringend Hilfe in meiner Einsamkeit im Elternhaus. Ich erwähnte auch, dass ich depressiv sei. Doch die Antwort war: «Depressive verhalten sich anders.» Und: «Sei froh, dass du Eltern hast, sie meinen es nur gut. Andere Kinder haben keine Eltern, das ist noch viel schlimmer.» Völliges Unverständnis! Ich fühlte mich abgewiesen in meiner Not. Meine Last war nun noch grösser, weil ich mich auch noch schuldig fühlte, etwas ausgesprochen zu haben, das anscheinend nicht richtig war. Lange vertraute ich mich niemandem mehr an. Ich suchte den Fehler bei mir. Diese Haltung wurde zu einer Gewohnheit.

Damals gab es noch keine Schulpsychologen, die sich darum kümmerten, wenn ein Kind ein auffälliges Verhalten zeigte. Als wichtigster Punkt galt die schulische Leistung. Und ich war sehr gut in der Schule, also gab es keine Probleme, die man hätte anschauen müssen.

Aus meiner Schulzeit ist ein Kontakt bis heute geblieben. Ein Junge aus der Nachbarschaft war nur einen Tag jünger als ich. Er wohnte ein paar Häuser weiter und hatte eine ältere Schwester. Wir spielten viel zusammen im Hof der Siedlung. Dieser Hof war ein kleines Paradies für uns Kinder. Abgeschottet vom enormen Verkehrsaufkommen auf der anderen Seite der Häuser, konnten wir dort unbekümmert spielen und unserer Kreativität mit unseren Rollern freien Lauf lassen. Auf der Strassenseite des Wohnblocks befand sich ein Springbrunnen mitten auf der grossen Verkehrsinsel. Im Sommer planschten wir dort am schulfreien Mittwochnachmittag. Es kümmerte uns nicht, dass die Autos permanent vorbeifuhren. Wir kannten nichts anderes. Das war höchstens die Sorge unserer Mütter.

An diesem Platz beim Springbrunnen war eine Apotheke, an der unser Schulweg vorbeiführte. Nach der Schule kauften wir dort für 20 Rappen kleine Süssholzstängel. Was für ein Gefühl, mit eigenem Geld etwas zu kaufen! Martin und ich besuchten denselben Kindergarten und dieselbe Klasse in den ersten drei Schuljahren. Wir feierten begeistert unsere Geburtstage: Am schulfreien Mittwochnachmittag lud ich alle Mädchen der Klasse ein und Martin. In der nächsten Woche am Mittwochnachmittag lud Martin alle Jungs ein und mich. Ab der vierten Klasse trennten sich unsere Wege, da meine Familie nach Schlieren umzog. Dennoch sahen wir uns regelmässig in den Kinderlagern in Iseltwald am Brienzersee, die Martin und seine Schwester ebenfalls besuchten. Später waren wir gemeinsam in der Jugendgruppe und in den Gottesdiensten tätig in der Freikirche, die die Kinderlager organisierte. Hin und wieder durfte ich an Ausflügen von Martins Familie teilnehmen. Das war für mich ein Stück Familienersatz und bedeutete mir viel.

Der Kontakt mit Martin ist bestehen geblieben. Jährlich feiern wir noch immer zusammen unseren Geburtstag. Aber jetzt gemeinsam. Und mittlerweile arbeitet er in Teilzeit für meine Firma! Es ist schön, eine so langjährige Freundschaft zu haben. Wir tauschen uns aus, beten mit- und füreinander. Gott ist bei ihm und bei mir der Mittelpunkt im Leben.

Meine Eltern und Grosseltern väterlicherseits

Meine Mutter hat nie etwas über ihre Vergangenheit erzählt. Ihre Geschichte kenne ich von Sonja, der ein Jahr jüngeren Schwester meiner Mutter. Mit Sonja hatte ich ein offenes Gespräch, als sie wegen ihrer Krebserkrankung in die Schweiz zurückkam. Nach diesem Gespräch musste ich sehr weinen, aber eher, weil es mich tief berührte, dass jemand so viel Vertrauen in mich setzte und mir so viel Persönliches erzählte. Von Sonja wusste ich mich geliebt.

Schon als junge Frau hatte meine Mutter psychische Probleme, und zwar so heftig, dass sie für mehrere Wochen in eine psychiatrische Klinik musste. Bei der Heirat waren meine Eltern 35 bzw. 33 Jahre alt, was damals als recht später Zeitpunkt für eine Familiengründung galt.

Mein Vater ist in Guatemala geboren, seine Eltern waren klassische Auswanderer. Um das Jahr 1918 fuhr mein Grossvater als 20-Jähriger mit einem Dampfschiff über den Atlantik, um abzuklären, ob er in einem Land in Zentralamerika eine Existenz aufbauen könnte. Später erzählte er, dass Guatemala und die Türkei als Auswanderungsziel für ihn infrage gekommen seien. Ich weiss nicht, warum er sich für Guatemala entschied. Die Überfahrt verdiente er sich mit Kohleschaufeln auf dem Schiff. Nach wenigen Jahren reiste er zurück in die Schweiz, wo er heiratete. Gemeinsam wanderte das junge Paar dann definitiv nach Guatemala aus, wo mein Grossvater sich zum Grossgrundbesitzer hinaufarbeitete.

Mein Vater, Heinrich, war der Erstgeborene, es folgten noch zwei Schwestern, Margrit und Irmgard. Als kleiner Bub erkrankte mein Vater an einem Muskelleiden, hervorgerufen durch das Klima in Guatemala. Die ganze Familie reiste in die Schweiz, um meinen Vater als sechsjährigen Jungen in die Obhut einer Pflegefamilie und von Verwandten zu geben. Die Eltern fuhren mit den beiden Töchtern wieder zurück nach Mittelamerika.

Nach der Schule machte mein Vater in der Schweiz die Ausbildung zum Landwirt. Der grosse Wunsch seiner Eltern war, dass er einst zurückkommen und ihre Farm übernehmen würde. Warum dies nicht geschah und mein Vater seine Familie nie besuchte, weiss ich nicht. Meine Fragen dazu wurden nie beantwortet. Auch über die Pflegefamilie erzählte er nichts. Seinen erlernten Beruf konnte er nie ausüben, obwohl ihm das Bauernleben gefiel. Er schlug sich fortan als Hilfsarbeiter in verschiedenen Firmen durch.

Zur Konfirmation meines Vaters kam seine Familie in die Schweiz. Ein weiterer Besuch erfolgte 1970, als ich vier Jahre alt war. Ich habe noch vage in Erinnerung, wie die Grosseltern am Flughafen Kloten aus dem Flugzeug stiegen und zu Fuss über das Rollfeld zum Zoll liefen. Der Grossvater winkte von Weitem mit seinem breitkrempigen Cowboyhut. Ihr nächster Besuch erfolgte erst wieder 1989, als die Grosseltern schon fast 90 Jahre alt waren. Sie blieben drei Monate hier, um die Verwandten noch einmal zu sehen.

Ich bedaure sehr, meine Grosseltern nicht besser gekannt zu haben. Seit ich schreiben kann, habe ich Briefe geschrieben. Meine Grossmutter hat jeden Brief beantwortet. Zu meinem Geburtstag und auf Weihnachten schickten sie immer ein Päckli oder einen Check. Sie schenkten mir Kleider und andere Dinge aus indianischer Herstellung, die mich faszinierten. Ich erinnere mich auch gut an das Jahr 1974. Einer der guatemaltekischen Vulkane brach aus. Meine Grosseltern schrieben, dass sie den Lavastrom vom Wohnzimmer ihres Wohnhauses aus beobachten könnten und nicht wüssten, ob oder wann sie flüchten müssten. Im Jahr 1976 zerstörte dann ein starkes Erdbeben einen grossen Teil der Hauptstadt. Lange Zeit hatten wir keine Nachricht, ob bzw. wie die Grosseltern und die beiden Tanten betroffen waren. Durch eine speziell eingerichtete Telefonnummer des Schweizer EDA konnte man Informationen über Angehörige erhalten. Ich zog als Zehnjährige aus eigener Initiative und ohne das Wissen meiner Eltern in der Nachbarschaft von Tür zu Tür, um Spenden für Guatemala zu sammeln. Voller Stolz konnte ich einem Hilfswerk etwas über 100 Franken zukommen lassen. Meine Familie in Guatemala blieb indessen verschont von Schäden, ebenso ihre Farm.

Mein Vater hat nie darüber geredet, was in seiner Kindheit vorgefallen war. Er selber hat den Kontakt mit seinen Eltern und Schwestern nicht gepflegt. Es waren meine Mutter und ich, die den Briefkontakt aufrechterhielten. Als Kind fand ich es faszinierend, Grosseltern in einem fernen Land zu haben. Immer wieder bedrängte ich meine Eltern, sie zu besuchen. Das Thema war jedoch schnell abgetan mit der Begründung der hohen Kosten für so eine weite Reise. Ich bin mir heute nicht sicher, ob wirklich die Finanzen der Grund waren. Meine Mutter verbot mir, vor meinem Vater meine Freude über die Geschenke meiner Grosseltern zu zeigen, weil sich mein Vater nicht freuen könnte. Offensichtlich war die Sache bei ihm nicht verarbeitet.

Als ich zehn Jahre alt war, hatten meine Eltern eine ernsthafte Ehekrise. In einem ihrer Streitgespräche, bei denen ich hilflos danebenstand, sagte mein Vater wütend, dass seine Eltern mich eh mehr liebten als ihn. Dies war offensichtlich das Gefühl, das ihn prägte. Ich fühlte mich so was von schuldig, dass ich mir verbot, mich künftig lieben zu lassen! Eine gefährliche und tragische Festlegung, die mein junges Leben noch mehr vereinsamen liess.

Der Vorwurf meines Vaters traf mich hart. Ich war das einzige Enkelkind der Grosseltern väterlicherseits. Ihre beiden Töchter blieben ledig und lebten zeitlebens mit ihnen zusammen. Ja, meine Grosseltern liebten mich. Durch die Aussage meines Vaters beschloss ich einmal mehr, mich zu schützen. Und vor allem fühlte ich mich schuldig, wenn ich wieder Liebe und Anerkennung bekam, egal von wem. Das durfte ich ja nicht, ich musste Rücksicht nehmen auf die schwierige Situation meines Vaters. Dieses Schuldgefühl prägte mich bis ins Erwachsenenalter.

Die Geschichte meines Vaters kannte ich so, dass die Grosseltern ihrem Sohn gegenüber lieblos handelten und mein Vater das Opfer war, was ja auch nachvollziehbar war. Als ich nach dem Tod meiner Mutter im Jahr 2020 ihr Zimmer im Pflegeheim räumte, fiel mir ein Foto in die Hand, welches ich noch nie gesehen hatte. Es war ein schwarz-weisses Familienfoto mit der Herkunftsfamilie meines Vaters, vermutlich aufgenommen anlässlich seiner Konfirmation im Jahr 1945. Damals wurden Familienfotos aufwendig beim Fotografen gemacht. Man zog die besten Kleider an und stellte oder setzte sich in Positur.

Ich habe das Bild immer wieder und sehr lange angeschaut. Jeder Gesichtsausdruck der fünf Personen erzählt eine Geschichte. Das Foto hat mich tief berührt und tut es heute noch. Ich bat Gott, mir etwas zu meiner Herkunftsfamilie und seiner Geschichte zu sagen. Plötzlich kam mir der Gedanke, dass es nicht die Schuld der Grosseltern war, was aus meinem Vater geworden ist. Seine Eltern mussten sich entscheiden zwischen der Existenz im fernen Land und der Gesundheit ihres jungen Sohnes. Damals jettete man nicht einfach so hin und her zwischen Kontinenten, um sich zu besuchen. War geplant, dass der kleine Junge baldmöglichst wieder zurückkommen sollte? Aber wie hat mein Vater damals reagiert? Warum ist er als junger Erwachsener nicht zu seiner Familie zurückgekehrt, um dort als Landwirt zu arbeiten? Seine Krankheit war kein Thema mehr, er war wieder gesund. Mein Grossvater war stolz auf seinen Sohn. Hat mein Vater sich geweigert? Hat er aus Trotz die Liebe seiner Eltern abgelehnt? Seiner Enttäuschung Raum gegeben und sich bewusst distanziert von seiner Familie?

Ich habe meinen Vater als eine Person gekannt, die vor Herausforderungen und Entscheidungen flüchtete. Während meiner Kindheit war er ausserhalb der Arbeitszeit zwar immer daheim, aber trotzdem nicht präsent. Er kam nach Hause, dann war Punkt 18 Uhr Abendessen, Zeitung lesen, Tagesschau im Fernsehen sehen und schlafen auf dem Sofa. Der Fernseher lief mit dem von ihm gewünschten Programm, während er schlief. Man durfte ihn nicht stören, was auch immer das hiess.

Bis ich dieses Foto sah, hatte ich gedacht, mein Vater sei so müde von seinem Arbeitstag gewesen, dass er der Erholung halber schlafen musste. Nun wurde mir bewusst, dass sein Schlafen eine Flucht vor dem Leben war, dem er sich nicht stellen wollte. Ich machte es später nämlich genauso. Unbewusst. Bei mancher Überforderung überkam mich eine Müdigkeit, mich dem Thema zu stellen und eine Lösung zu suchen. Leider hat mein Vater sein Leben nie aufgearbeitet. Er war ein verbitterter Mann, der als Opfer von fremden Entscheidungen lebte und dadurch noch viele weitere Enttäuschungen erlebte.

Sein einziges Hobby war, Silva-Bücher zu sammeln. Das waren Bildbände über Länder, Tiere, Blumen usw. Man konnte sie vergünstigt kaufen, wenn man Silva-Punkte sammelte, von Schokoladenpapier oder auf anderen Markenprodukten. Die farbigen Bilder waren noch nicht im Buch gedruckt. Sie wurden separat mitgeliefert und mussten ins Buch geklebt werden. Für meinen Vater waren die Bücher so kostbar, dass sie aus Angst vor Beschädigung nicht angeschaut werden durften. Ich erinnere mich noch gut an den Wutausbruch meines Vaters, als ich es doch wagte, mit einer Freundin ein Buch über die Indianer Nordamerikas durchzublättern. Die über 100 Bildbände standen also über Jahrzehnte in der Wohnwand. Mehr nicht.

Viele Jahre später, als mein Vater starb und ich die Wohnung räumte, wollte kein Sammler oder Brockenhaus die vielen Bücher übernehmen. Es gab schlicht zu viele, sie hatten keinen Wert. So blieb mir nichts anderes übrig, als sie in die Kehrichtverbrennung zu bringen. Als ich die Kisten mit den Büchern in die dafür vorgesehenen Container warf, machte es mich traurig: Was war der Sinn der Sammlung gewesen – etwas verbilligt zu bekommen? Die Freude, die Bilder anzuschauen, war nie gegeben. Und jetzt lagen die Bücher beschädigt im Abfall. Eine Traurigkeit über das Leben meines Vaters und diese Sinnlosigkeit überkam mich.

Meine Grosseltern mütterlicherseits

In meinen ersten Lebensjahren arbeitete meine Mutter Teilzeit im Büro einer Versicherung. Ihre Eltern wohnten nur eine Strasse entfernt von uns. So durfte ich während ihrer Arbeitszeit zu den Grosseltern gehen; und später, nach dem Kindergarten und nach der Schule, war ich bei den Grosseltern zum Mittagessen. Daran erinnere ich mich liebend gerne. Meine Grosseltern hatten Zeit für mich. Und wenn ich nur einfach bei ihnen sitzen durfte – dort war ich geliebt und störte nicht.

Meine Grosseltern hatten ihren geregelten Tagesablauf: Am Vormittag nähte meine Grossmutter für diverse private Kundinnen aus der Nachbarschaft neue Kleider oder machte Kleideränderungen. Röcke weiter machen, dieselben nach ein paar Wochen wieder enger machen; später wieder weiter machen und dann wieder enger ... Mein Grossvater ging in dieser Zeit einkaufen. Nach dem Mittagessen machten sie das obligate Mittagsschläfchen. Am Nachmittag fuhren sie mit Tram oder Bus an irgendeinen Ort innerhalb von Zürich, um einen Spaziergang zu machen. Dies fand ich zwar schrecklich langweilig, aber meine Grosseltern schafften es immer, den Nachmittagsspaziergang mit ihrer Liebe und Aufmerksamkeit für mich schön zu gestalten.

Aus dieser Zeit erinnere ich mich an einen Spaziergang auf der Waid, dem Hönggerberg, einem Aussichtspunkt oberhalb der Stadt Zürich mit Wald. Wir sassen auf einer Sitzbank oberhalb der ETH (Eidgenössische Technische Hochschule) und schauten auf eine riesige Baustelle hinunter. Ein neues Wohnquartier wurde gebaut. Ich sagte in typischer Kindermanier: «Grossmami, hier will ich mal wohnen.» Und meine Grossmutter sagte in ebenfalls typischer Erwachsenenmanier: «Wenn du mal gross bist, kannst du dann hier wohnen.» 20 Jahre später wohnte ich tatsächlich in dieser Siedlung im Lerchenberg. Das Gespräch mit den Grosseltern am Waldrand kam mir aber erst später wieder in den Sinn.

Mein Grossvater, Jahrgang 1901, war ein ruhiger Mann. Als Junggeselle war er oft in den Bergen unterwegs zum Klettern.

Es gibt sogar einen Zeitungsbericht mit Bild von ihm in der «Schweizer Familie» vom 16. August 1924. Sobald er aber verlobt war, blieb er pflichtbewusst zu Hause; und später widmete er sich seiner Frau und der Familie. Er wurde in meinem Geburtsjahr pensioniert. Jeden Samstag war meine Familie bei den Grosseltern zum Nachtessen auf Besuch. Und da sie lange vor uns einen Fernseher besassen, blieben wir und schauten um 19.30 Uhr die Tagesschau. Der Grossvater war gelernter Bäcker, konnte aber aus mir unbekannten Gründen nie in seinem Beruf arbeiten. In den ersten Jahren seiner Pensionierung buk er in der Adventszeit fantastische Zöpfe und Gugelhopfe und verschenkte sie im Bekannten- und Freundeskreis. Diese Gugelhopfform hängt heute leicht angerostet als Andenken in meiner Küche.

In den 1930er-Jahren war mein Grossvater lange Zeit arbeitslos. Als er sich endlich auf eine Arbeitsstelle bei der Stadt Zürich bewerben konnte, bekam er eine Absage, weil er im Kanton Aargau heimatberechtigt war. Durch die Intervention eines Bekannten bekam er die Stelle dann doch. Über 20 Jahre blieb er als «Kübelmann» beim Abfuhrwesen der Stadt Zürich. Damals gab es noch keine Container und Abfallsäcke. Die schweren Ochsnerkübel mussten in den Müllwagen gekippt werden. Da war es zu seinem Vorteil, dass er über zwei Meter gross und kräftig gebaut war. Und er war überaus beliebt bei seinen Kollegen. Denn er war es, der die schweren Kübel aus den Kellern herauftrug und überall mithalf, wo er konnte. Er machte diese Arbeit mit grosser Würde und pflegte zu sagen: «Es kommt nicht darauf an, was man macht, sondern wie man es macht.» Das beeindruckte mich sehr.

Ich erlebte meinen Grossvater als zufriedenen und bescheidenen Mann, der ausserdem einen trockenen Humor hatte. Ein Junge aus der Nachbarschaft fragte ihn einmal kurz nach Weihnachten, was er denn als Geschenk bekommen habe zum Christfest. Er antwortete mit ernster Miene: «Ein Paar neue Hosenträger.» Der Junge hatte grosses Mitleid mit ihm! Wie ich mich erinnere, war es aber nicht bei den Hosenträgern als Geschenk geblieben.

Im Zweiten Weltkrieg diente mein Grossvater als junger Familienvater an der deutschen Grenze. Morgens musste er als Erster aufstehen und seinen Kameraden das Frühstück zubereiten. Dazu musste er ein Feuer anmachen. Eines Morgens bekam er dabei einen epileptischen Anfall und fiel mit dem Kopf auf den Rand der Feuerstelle. «Zufällig» musste genau zu dem Zeitpunkt ein Kamerad raus. Er sah ihn so daliegen und rettete ihn aus dem Feuer, wenn auch mit einer schlimmen Brandwunde am Kopf. Aber es hätte auch tödlich enden können. Ich glaube nicht an Zufall, sondern an die gütige Hand Gottes. Als junger Mann erlitt mein Grossvater noch einige weitere epileptische Anfälle. Erst im hohen Alter hatte er wieder einen einzelnen Anfall. Leider konnte ich ihn nie fragen, was dieses Erlebnis mit ihm gemacht hat. Vermutlich hätte er auch nicht darüber geredet.

Als junger Erwachsener hat mein Grossvater viel Zeit verbracht mit christlichen Männern im Bibelheim in Männedorf. Offenbar fühlte er sich dort wohl und war angetan von der Lehre der Bibel.

Meine Grossmutter wurde 1907 in Düsseldorf geboren. Ihre Mutter war Deutsche, ihren Schweizer Vater hat sie nie kennengelernt, worunter meine Grossmutter bis an ihr Lebensende litt. Denn damals war das eine Schande und sie wurde deswegen in der Schule schikaniert. In der ersten Klasse verprügelte die Lehrerin sie einmal mit einem Holzstock, weil sie nicht sagen konnte, wer ihr Vater war. Diese Szene hat sie bis kurz vor ihrem Tod mit 94 Jahren immer wieder erzählt. Das hat mich auch bewusst werden lassen, dass Lehrer und Chefs Menschen nachhaltig fürs ganze Leben prägen, positiv oder negativ.

Aber stolz hat meine Grossmutter erzählt, dass ihre Mutter die erste Tramwagenführerin von Düsseldorf war! Während des Ersten Weltkriegs fehlten die Männer in den Fabriken und für viele öffentliche Aufgaben. So übernahmen Frauen Arbeiten, die sie sonst nicht hätten tun können. Ihre Mutter hatte eben die zweite Tochter geboren. Der Vater dieses Kindes fiel im Krieg. So umsorgte meine Grossmutter, selber noch ein Kind, ihre kleine Schwester. Die Mutter arbeitete täglich zwei Schichten, um die Familie durchzubringen. Das wäre heute unvorstellbar, zumindest in unseren Breiten!

Kurz nach Kriegsende sind die drei dann in die Schweiz geflüchtet. Mit der einen Hand führte meine Grossmutter ihre kleine Schwester, in der anderen Hand hielt sie ihre Geige, die ihr so viel bedeutete. Dieses Instrument hat sie mir kurz vor ihrem Tod weitergegeben. Es war ihr wichtig, zu wissen, wer dieses Instrument erhalten würde. Wie sie zu dieser Geige gekommen war, ist nicht ganz klar. Die Geschichte, die ich kenne, lautet: Ein Musiker hatte aus Geldnot die Geige als Pfand bei ihnen gelassen und sie nicht wieder abgeholt.

In der Schweiz durfte meine Grossmutter als Teenager Musikunterricht nehmen. Eine Stunde kostete fünf Franken, für eine Flüchtlingsfamilie viel Geld. Sie war aber so begabt, dass ihr Musiklehrer wollte, dass sie im Weihnachtsgottesdienst in der Kirche spielte. Das war eine Ehre für sie und sie hätte es sehr gerne getan. Aber sie traute sich nicht, zu sagen, dass sie kein Sonntagskleid besass. Und im Werktagsrock ging sie auf keinen Fall in die Kirche, schon gar nicht an Weihnachten! So verletzte sie sich selber mit einem Messer am kleinen Finger der linken Hand, damit sie eine Entschuldigung hatte, nicht zu spielen.

In der Schweiz bekam meine Grossmutter einen Vormund, weil sie keinen Vater hatte und noch minderjährig war. Von diesem Mann, Dr. Grob, berichtete sie nur Gutes. Er war es, der ihr von Gott erzählte und ihr Jesus lieb machte. Ich denke, dass vor allem sein Leben predigte. Seine Fürsorge hat meiner Grossmutter in ihrer vaterlosen Jugend wohlgetan. Nach ihrer Schulzeit fand sie Arbeit bei der heute noch existierenden Kaffeerösterei Schwarzenbach im Zürcher Niederdorf. Dort lernte sie auch ihren zukünftigen Mann kennen.

Schon als junges Mädchen lernte meine Grossmutter zu nähen. Früh begann sie zu sparen und kaufte sich eine Woche vor ihrer Hochzeit im Oktober 1927 eine versenkbare Nähmaschine. Auf der nähte sie ihrem Bräutigam flugs das Hochzeitshemd. Auch viel später, als sie bereits eine moderne Nähmaschine hatte, benutzte sie viel lieber die alte Tretmaschine. «Die Knopflöcher werden darauf viel schöner», höre ich sie heute noch sagen. Als kleines Mädchen durfte ich manchmal auf dem Pedal sitzen und hin- und herschaukeln, während sie nähte.

Die alte versenkbare Nähmaschine steht nun in meinem Wohnzimmer als Erinnerung an meine Grossmutter. Wenn man den Antriebsriemen ersetzen würde, könnte man wieder darauf nähen.

Meine Grosseltern hatten einen Schrank voller Gesellschaftsspiele. Seit ich mich erinnern kann und bis fast zu ihrem Tode haben die Grossmutter und ich bei jedem Besuch miteinander gespielt: Eile-mit-Weile, Mensch-ärgere-dich-nicht, Quartette, diverse Puzzles oder das Leiterli-Spiel. So oft haben wir herzhaft miteinander gelacht. Das waren die Momente in meinem Leben, wo ich glücklich war und mich geliebt wusste.

Von Religion zu Gottvertrauen

Meine Herkunftsfamilie würde ich als religiös bezeichnen. Das heisst, der Glaube ist auf kirchliche Aktivitäten und Traditionen ausgerichtet und basiert nicht auf einer Beziehung mit dem lebendigen Gott. Sie geben einen gewissen Halt und beruhigen das Gewissen. Als ich sieben Jahre alt war, schickte mich meine Mutter zum ersten Mal in ein christliches Kinderlager. Ein Grund war, dass ich als Einzelkind mit anderen Kindern zusammen sein sollte, aber auch, um Geschichten aus der Bibel zu hören. So lernte ich alles, was man als guter Mensch bzw. als Christ «tun und reden und nicht tun und nicht reden sollte».

Ich begann, täglich in der Bibel zu lesen, einen Bibelvers in ein Heft zu schreiben und zu beten. Mit eigenen Worten zu beten, traute ich mich nicht. Ich las Gebete aus einem Buch und dachte, ich hätte meine Pflicht getan. Ja, ich glaubte an Gott. Ich lernte, Lieder über einen Gott der Liebe zu singen. Aber ich hatte Angst vor Gott und wusste nicht, ob ich ihm genügte. Ich tat das alles nicht aus einem Bedürfnis heraus. Ich hatte dasselbe Bild von Gott wie von meinem leiblichen Vater: Entweder schwieg er oder er tobte. Also musste ich auch Gott zufriedenstellen, indem ich mich anpasste und alles tat, was Gott oder die Kirche so verlangten. Ja, ich war richtig stolz darauf, was ich schon alles wusste aus der Bibel. Für mein zartes Alter war das beachtlich! In der Kinderstunde und in der Sonntagschule gewann ich oft den ersten Preis, wenn es um Bibelwissen ging.

Oft heisst es, man solle zur ersten Liebe mit Gott zurückkehren, die einige bei der Bekehrung verspüren. Ich habe diese «erste Liebe» nie gekannt. Ich kannte Gott ja nicht wirklich und hatte mich aus Angst für ihn entschieden, nicht aus Liebe. Über Gottes Liebe zu singen oder sie wirklich zu kennen sind zwei verschiedene Sachen. Ich habe Gottes Liebe in all den Jahrzehnten gesucht und erlebe sie bis heute immer mehr.

Die Kinderlager im Berner Oberland besuchte ich jedes Jahr wieder, meistens im Sommer und im Herbst. In den ersten Jahren zerfloss ich fast vor Heimweh und doch ging ich immer wieder hin. Die Reise mit der ganzen Lagergruppe ging mit dem Zug über den Brünig nach Brienz und dann mit dem Schiff über den Brienzersee nach Iseltwald. Ich sehe noch heute die gigantische Menge von Koffern an dem bescheidenen Schiffsteg in dem kleinen Fischerdorf stehen. (Dieser Schiffsteg wurde 2023 weltberühmt durch eine Filmszene, denn Bollywood drehte auf exakt diesem Steg eine romantische Szene. Seither kann sich das schmucke Dorf nicht mehr vor den täglich Dutzenden von Reisecars mit indischen Touristen wehren!)

In Luzern war nur wenig Zeit zum Umsteigen. Ich erinnere mich, wie ich auf der Rückreise als Achtjährige plötzlich alleine in der Bahnhofshalle dastand inmitten von unbekannten Reisenden. Ich hatte die Gruppe verloren und wusste nicht, wohin ich gehen sollte. In meiner Verzweiflung begann ich zu weinen. Eine ältere Lagerteilnehmerin fand mich schliesslich und wir erreichten unseren Zug in letzter Sekunde. Ich war erschrocken, aber realisierte nicht wirklich, was geschehen war.

Sobald ich in der Ausbildung zur Köchin war, durfte ich in den Lagern in der Küche mitarbeiten, zuerst als Assistentin, dann mit der Hauptverantwortung für die ca. 70 Teilnehmer.

Im selben Lagerhaus fanden auch andere Freizeiten statt, für Familien, zu Ostern usw. Jedes Jahr verbrachten das Leitungsteam und freiwillige Helfer eine Woche dort, um das Haus zu putzen und Reparaturarbeiten zu erledigen. Während vieler Jahre habe ich fast meine ganzen Ferien dort investiert, um für die verschiedenen Lagergemeinschaften unserer Kirche zu kochen. Es war immer sehr streng, denn kaum war eine Mahlzeit vorbei, begann man mit dem Vorbereiten für die nächste Mahlzeit. Aber es machte mir Freude.

Die Infrastruktur im Lagerhaus war alt und bescheiden. Der nachträglich installierte Feuermelder in der Küche war über der Ofentür angebracht. Wenn ich den Ofen öffnete und der Dampf entwich, ging der Alarm unvermeidlich los. So musste vorher immer jemand bereitstehen, der sofort losrannte und oben in der Zentrale den Notruf der Feuerwehr quittierte. Ein Fehlalarm wäre sehr kostspielig gewesen!

Im Garten des Hauses war ein Pool von etwa fünf mal fünf Metern, der im Sommer oft und gerne genutzt wurde. Darin verlor ein Junge eines Kinderlagers beim Plantschen eine Kontaktlinse. Keine Chance, diese wiederzufinden. Am Ende des Lagers musste der Pool geputzt und das Wasser abgelassen werden. Wir legten ein Teesieb vor den Abfluss und man glaubt es kaum: Die Linse wurde wiedergefunden! Nur hat derselbe Junge eine Woche später beim Baden im Rhein seine Brille verloren … Dort lässt sich schlecht der Stöpsel ziehen!

Es gibt vermutlich kaum etwas, was die Gemeinschaft mehr fördert, als zusammen zu kochen und das Geschirr zu spülen. Im Haus hatte es keine Geschirrwaschmaschine. Der Abwasch dreimal täglich wurde zu einem fröhlichen Zusammensein. Ich liebte meine Aufgabe, für die Verpflegung zu sorgen, denn mit dem Kochen verbunden ist das Organisieren, Einkaufen, Planen. Oft mussten wir kurzfristig unseren Speiseplan dem Wetter anpassen. Bei schönem Wetter wollten die Teilnehmer der Familienfreizeiten Tageswanderungen unternehmen. Dann musste ein Picknick her. Genau diese Gabe der Organisation und Spontaneität konnte ich damals schon üben.

Das Dorf Iseltwald und seine Umgebung sollten später eine Oase für mich werden, wo ich regelmässig Wochenenden verbrachte, um in meiner Not intensive Zeiten mit Gott zu verbringen.

Ich wuchs immer mehr in das religiöse Programm hinein. Die Kirche wurde meine zweite Familie. Mein ganzer Freundeskreis war in der Gemeinde und ich verbrachte meine gesamte Freizeit dort. Am Ausbildungsplatz wurde ich einmal von einer Arbeitskollegin gefragt: «Wenn dir etwas passiert, sollen wir dann deine Eltern oder die Kirche informieren?» Ich suchte unbewusst Liebe und Bestätigung. Aber Gott war in meinen Augen noch immer der strenge Richter, dem ich alles recht machen musste. Mittlerweile war ich richtig gut darin, «richtig Antwort zu geben».

Zu dieser Zeit hatte ich den Vorbereitungsunterricht (eine Art Konfirmandenunterricht) für die Abschlussfeier in der Freikirche zu besuchen. Meine Mutter hatte das so bestimmt. Auch dies war für mich wieder eine Gelegenheit, zu zeigen, was ich aus der Bibel wusste und was für ein guter Christ ich war. Einmal mehr lechzte ich nach Komplimenten und Bestätigung. Ich fühlte mich nie wohl in diesem Unterricht, zumal ich in meinem Jahrgang die Einzige war. Der Prediger, der die Stunden hielt, war daran nicht schuld. Er war immer korrekt und hat getan, was er konnte und musste.

Meine Entscheidung für Jesus

Es zieht sich wie ein roter Faden durch mein Leben, dass ich die wirklich wichtigen Entscheidungen im Leben immer in aller Stille gefällt habe, meistens für mich alleine und ohne Pauken und Trompeten, aber in völliger Überzeugung und mit konsequenten Schritten. So auch an jenem 20. Januar 1980. Es war ein ganz gewöhnlicher Gottesdienst an einem ganz gewöhnlichen Sonntag. Die Organistin erzählte aus ihrem Leben. Auch das war nichts Spektakuläres: Sie erzählte, wie sie einst ihr Leben Jesus übergeben hatte, weil sie erkannt hatte, dass sie Jesu Vergebung brauchte. Klar und einfach.

In diesem Moment wurde mir schlagartig klar, dass mir mein gesamtes Bibelwissen rein gar nichts nützte. Mein ganzer Einsatz für Gott, die regelmässigen Kirchenbesuche, Jugendarbeit und was auch immer ich «für den Herrn» tat: Gott lässt sich nicht davon beeindrucken. Aber sein Angebot ist, dass Jesus für mich gestorben und nach drei Tagen auferstanden ist. Dies ist der Weg, der mir Vergebung meiner Schuld schenkt und mich mit dem Vater im Himmel versöhnt. Nun erkannte ich, dass ich diesen Schritt noch nie getan hatte.

Nach dem Gottesdienst ging ich nach Hause in mein Kinderzimmer und machte die Tür hinter mir zu. Ich kniete mich vor dem Bett nieder und betete; ich sagte meinem Gott, dass ich an seine Existenz glaube und dass Jesus mich erlöst hat von aller Schuld durch seinen Tod und seine Auferstehung. Ich bat um Vergebung, dass ich mich aus eigener Kraft hatte retten wollen. Die feine, leise Stimme während des Gottesdienstes war für mich so klar und überzeugend, dass es für mich nichts daran zu rütteln gab.

Im Mai 1984 liess ich mich zusammen mit noch anderen aus der Jugendgruppe taufen. Allerdings sollte es noch viele Jahre, ja Jahrzehnte dauern, bis ich den Vater im Himmel auch als liebenden Vater erfassen konnte. Noch war er für mich der drohende Herrscher, der auf seinem Thron sitzt und wartet, bis ich einen Fehler mache. Auch dauerte es lange, bis ich die Kraft des Heiligen Geistes kennenlernte, denn dieses Thema wurde in meiner damaligen Gemeinde nicht gelehrt. Doch auf die drängende Frage, warum mein Leben trotz meiner religiösen Aktivität kraft- und fruchtlos war, fand ich Antwort in der Bibel. Gottes Kraft ist der Heilige Geist. Ich erkannte, dass mir beides fehlte: seine Kraft und sein Geist. Von da an lernte ich den Geist Gottes immer besser kennen. Als sanfte Stimme, die mich auf etwas aufmerksam macht. Und als Kraft in Situationen, wo mir der göttliche Beistand hilft.

Angst

Die Entscheidung, Gott mein Leben zu geben, war ernst gemeint. Und doch war auch eine grosse Portion Angst darin. Mein Denken bestand aus «wenn … dann»: Wenn ich dies oder das nicht tue, dann geschieht etwas ganz Schlimmes. Wenn ich Gott enttäusche, dann wird er mich bestrafen. Das sass fest und tief in mir.

Bei einer Grossevangelisation in Zürich, den Christusfestwochen im Hallenstadion, ging ich am Schluss der Veranstaltung nach vorne. Es wurde Gebet angeboten. Noch immer plagten mich Zweifel, ob ich denn wirklich gerettet sei. Eine liebenswürdige ältere Seelsorgerin sprach mir anhand von Bibelversen zu: Wer an den Sohn Gottes glaubt, geht nicht verloren, sondern hat das ewige Leben. Ihre Zusage und ihr Gebet haben mir geholfen, meine Erlösung im Glauben anzunehmen.

Diese Tatsache ist seitdem nie mehr eine Frage für mich gewesen. Gott hat mich in seiner Liebe angenommen. Er hat unendlich viel Geduld. Er hat nicht gewartet, bis mein Glaube perfekt wäre oder ich auch nur annähernd seine Liebe begriffen hätte. Er hat mich gesehen in meiner Not und mein Ja gehört. Das genügt. Den Rest macht er in dem Tempo, das wir ertragen. Mose brauchte 40 Jahre in der Wüste, bis Gott ihn als bereit erachtete für seine Aufgabe. Und derweil litt das Volk Israel an der Unterdrückung in Ägypten. Gott hat Zeit. Wir sollten sie auch haben.

Finanzielle und seelische Not

Stark prägte mich die finanzielle Not in meiner Familie. Es war nicht so, dass wir zu wenig Essen gehabt hätten. Es fehlte uns eigentlich nicht an etwas Essenziellem. Wobei es ein Lebensmuster war, generell zu jammern und doch Geld auszugeben für nicht lebensnotwendige Dinge. Das Geld reichte immerhin für ein neues Auto, das vorwiegend für Wochenendausflüge gebraucht wurde. Auch reisten wir als Familie jeden Sommer für zwei Wochen in die Ferien, meistens in die Schweizer Berge.

Zu Hause stand im Keller eine Harasse mit Süssgetränken. Ich höre noch heute, wie mein Vater meine Mutter und mich anschrie, wenn die Flaschen allzu schnell leer waren und Nachschub besorgt werden musste. Ich fühlte mich wieder schuldig und schränkte mich daher beim Trinken ein. Ich kostete zu viel und ich störte – das kam verbal und nonverbal bei mir an.

Da meine Mutter nähte, liess sie sich kistenweise Stoffe aus einer Fabrik schicken und nähte die Kleider für sich und mich selber. Aber die Frage war nicht, was gefiel, sondern welcher Stoff der billigste war. Dieses Denken übernahm ich für lange Zeit und kaufte später meine Kleider nach dem Preis ein, ohne zu wissen, was mir selber gefiel. Erst als ich auf die Suche nach meiner Identität ging, wurde auch mein Kleiderstil ein Thema. Über viele Jahre probierte ich Farben und Formen aus. Lernte zu überlegen oder auszuprobieren, was mir denn gefallen könnte, und nicht, was am billigsten wäre.

Heute kann ich sagen, dass ich es liebe, mich hübsch zu kleiden. Ja, ich fühle mich wohl in meiner Haut und liebe es, mir schöne Kleider zu kaufen oder auch selber zu nähen. Ich sehe es als «Tempelpflege» an, dass ich meinem Körper Gutes gönne. Teresa von Avila schrieb einst: «Tu deinem Leib etwas Gutes, damit deine Seele Lust hat, darin zu wohnen.» Wie treffend! Ich dagegen war eher körperfeindlich erzogen worden, Gefühle und Emotionen galten als etwas Schlechtes. Ich bin froh, heute diese falsche Sicht hinter mir gelassen zu haben.

Die fehlenden Finanzen waren zu Hause ein Dauerthema, so empfand ich es jedenfalls. Ich sah meine Mutter bei der Grossmutter weinen, weil ich gerne den Musikunterricht besucht hätte. Ich war damals etwa sieben Jahre alt und hatte keine Vorstellung davon, was wir uns leisten konnten und was nicht. Der Musikunterricht wurde nur teilweise von der Schule finanziert. Ich brauchte eine Gitarre und dafür war das Geld nicht da. Ich erinnere mich gut daran, wie meine Grossmutter meine erste Gitarre bezahlte und den Musikunterricht möglich machte!

Und wieder hörte ich meine Mutter weinend der Grossmutter erzählen, dass das Geld nirgends hinreichen würde. Ich sollte einen Mantel haben. Und wieder bezahlte die Grossmutter. Und ich fühlte mich schuldig. Auch hörte ich meine Eltern miteinander reden, nein streiten wegen der Finanzen, dass wegen mir das Geld nicht reichte. Das prägte und tat weh. Zumal ich dringendst einen Liebeserweis gebraucht hätte und keine Schuldzuweisung. Ich fühlte mich überflüssig und schuldig. Ich kostete zu viel. Ich störte.

Ich begann, mich selber zu hassen. Anders wusste ich das Problem nicht zu lösen. Ich hatte ja gar keine Ansprüche. Das Problem für mich war nicht, dass wir nicht ans Meer in den Urlaub fuhren oder ich keine Markenkleider trug. Ich fand es auch nicht schlimm, dass mein Vater ein gewöhnlicher Hilfsarbeiter war und nicht ein krawattentragender Büroangestellter wie die meisten Väter meiner Schulkameraden. Es passte ja zu meinem Denken und meiner Prägung. Ich wollte gar nicht wie einige Klassenkameradinnen in einem supergrossen Haus wohnen. Solche Gedanken kannte ich nicht. Es gab sie nicht in meinem Denken, ich konnte nicht gross denken.

WIR WERDEN ES NIE ZU ETWAS BRINGEN. UNS IST NICHTS VERGÖNNT. WIR HABEN IMMER PECH. WIR SIND ARM UND BLEIBEN ES AUCH. ALLE SIND GEGEN UNS.

Das glaubte ich. Ich erlebte es ja täglich. Und andere Ansprüche entwickelte ich gar nicht erst. Das war mein Denken. Ich hatte keine Ahnung, dass Gott das interessiert. Zwar besuchte ich ständig irgendwelche christlichen Kinderveranstaltungen, aber dass dieser Gott sich für meinen Alltag interessiert, das kam mir nicht in den Sinn. Ich sah ihn ja als einen Gott, für den man ständig etwas leisten musste.

Ich entwickelte meine eigene Strategie, meinen Eltern beim Sparen zu helfen. Vielleicht würde ich ja auf diesem Wege Liebe bekommen! In den ersten Kinderlagern in Iseltwald bekam ich jeweils ein «Fresspäckli». Oder Briefe meiner Eltern und der Grossmutter. Ich löste sorgfältig die gestempelten Briefmarken ab und klebte sie auf meine abgehende Post (zu der Zeit verschickte die Welt noch Ansichtskarten ...). Niemand merkte es, aber meine Mutter traf fast der Schlag, als ich es zu Hause stolz erzählte in der Erwartung, gelobt zu werden. Wieder kein Erfolg. (Die Post möge mir verzeihen – es war die Tat eines verzweifelten kleinen Mädchens).

Jahre später schickte mich meine Mutter zum Frisör. Damals war es noch obligatorisch, Trinkgeld zu geben. Ich aber gab aus Sparsamkeit bewusst keines. Die hilflose Frisörin wiederholte dreimal, dass das Trinkgeld nicht inbegriffen sei. Wieder ging ich stolz nach Hause und erzählte meiner Mutter von meiner vermeintlich klugen Tat. Doch schnurstracks ging meine Mutter hin und bezahlte ein ordentliches Trinkgeld. Wieder hatte ich versagt.

Ich war etwa acht Jahre alt, als ich meiner Mutter zum Geburtstag einen richtig schönen, grossen Blumenstrauss schenken wollte. Ich packte mein gesamtes Taschengeld ein, vermutlich nicht viel mehr als sechs Franken. In der Nähe des Schulhauses gab es einen Blumenladen. Zielstrebig ging ich dort hinein und suchte Schnittblumen aus nach Lust und Laune. Alles, was mir gefiel, liess ich zu einem grossen, bunten Strauss binden. Vom Wert des Geldes hatte ich noch keine Ahnung, ich hatte ja ein paar grosse Münzen in der Tasche!

Als es ums Bezahlen ging, schauten sich die beiden freundlichen Verkäuferinnen ratlos an: Mein Geld reichte natürlich nirgends hin. Aber sie sahen meinen Eifer, dass ich meiner Mami etwas Liebes tun wollte. So beschlossen sie, mir diesen Wunderstrauss für mein kleines Taschengeld zu überlassen. Meine Mutter freute sich nur verhalten. Ich glaube, sie ging dann in den Laden, um nachzubezahlen. Aber mir tat es gut, meine Idee umzusetzen und dass die Floristinnen mich ernst nahmen. Diesmal war ich überzeugt, etwas Gutes getan zu haben, auch wenn die Reaktion mässig war. Die Haltung der beiden Floristinnen bleibt mir bis heute im Gedächtnis. Einfach genial! Das Geschäft gibt es nicht mehr, sonst würde ich es heute berücksichtigen bei meinen Einkäufen.

Die Oberstufenschule für die beiden Ortschaften Schlieren und Urdorf war relativ weit weg. So mussten wir Schüler mit dem Fahrrad oder dem öffentlichen Bus zur Schule fahren. Fast die gesamte Schulklasse nahm den Bus, zumindest bei Schnee und Regen. Diese Kosten wollte ich meinen Eltern ersparen und fuhr deshalb bei jedem Wetter mit dem Fahrrad zur Schule. Bei Regen sass ich dann mit völlig durchnässten Jeans im Unterricht und fuhr so am Mittag auch wieder nach Hause. Ich traute mich nicht, meine Eltern um einen Regenschutz zu fragen.

Meine Angst vor den Eltern war offensichtlich. Der Grund war nicht, dass ich etwas Schlechtes getan hätte oder Angst vor Schlägen hätte haben müssen, sondern dass ich keine Bestätigung von ihnen bekam und nie wusste, ob ich genügte.

Ich erinnere mich an eine Autofahrt auf einer Überlandstrasse im Knonaueramt. Mein Vater sass am Steuer, meine Mutter auf dem Beifahrersitz und ich hinten. Ich bemerkte, dass sich mein Vater ablenken liess und bei voller Fahrt nicht auf die Strasse achtete. Meine Mutter döste vor sich hin und wir fuhren auf eine scharfe Kurve zu. Ich war etwa elf Jahre alt und mir war bewusst, dass wir nun gleich mit Vollgas einen Abhang hinunterstürzen würden. Aber selbst in dieser krassen Situation war die Angst, meinen Vater anzusprechen, grösser als die vor sämtlichen Konsequenzen eines schweren Unfalls. Im allerletzten Moment sah mein Vater die Kurve und mit einer Vollbremsung konnte er einen Unfall verhindern. Wir kamen mit dem Schrecken davon.

Als ich mit 20 Jahren meinen Führerschein machte, hätte ich nie im Leben meinen Vater um die Erlaubnis zum Üben mit seinem Auto gefragt. Einerseits war das Auto zu heilig, es wäre ihm unerträglich gewesen, wenn ich auch nur einen Kratzer verursacht hätte. Und wieder diese Angst, ihn um etwas zu bitten. Und er selber bot es mir auch nicht an.

Es war in der zweiten Sekundarklasse, als ich von der Schule nach Hause kam. Das Mittagessen stand schon auf dem Tisch. Meine Mutter und ich assen mittags alleine, mein Vater hatte nur eine kurze Mittagspause und verpflegte sich daher in der Betriebskantine. Diesmal wartete meine Mutter mit Schöpfen und sagte: «Von jetzt an werden wir immer vor dem Essen miteinander beten. Das ist Gottes Wille.» Das Tischgebet war an sich nichts Neues bei uns. Schon immer sprach meine Mutter ein Tischgebet, aber ein «vorgefertigtes», auswendig gesprochenes. Doch jetzt zwang sie mich, mit ihr frei zu beten. Ich erstarrte. Nicht wegen des Betens, aber das mit ihr tun zu müssen war ein Schock für mich. Ja, zu müssen. Da war einfach keine Vertrauensbasis da.

Und wieder hatte ich nicht den Mut, nein zu sagen. Ich hätte ja das Heil Gottes verlieren können! Das war meine Befürchtung.

In der Gemeinde war ich es gewohnt, frei mit meinen Worten zu beten. Aber nicht mit meiner Mutter! Ich ging über Mittag nicht mehr gerne nach Hause zum Essen. Meine Mutter erzählte ihren Freunden in der Kirche, wie fantastisch ich betete! Es war mir peinlich.

So wie ich bin, ist es falsch

Es gibt einige Szenen, die noch sehr lebendig in meiner Erinnerung sind. Aber heute tun sie nicht mehr weh. Ich habe gelernt, mit jeder Schuld und jeder inneren Verletzung im Gebet zu Jesus zu gehen. Weil er am Kreuz für uns sein Blut vergossen hat, sind wir geheilt. Dies anzunehmen ist ein fortwährender Prozess. Bewusste Vergebung ist wie das Ablegen eines schweren Rucksacks. Es befreit mich selber. Ich meine aber nicht «schnelle Vergebung», nach dem Motto: Schnell um Vergebung bitten und der andere soll gefälligst nicht mehr davon reden. Es muss ein Prozess sein. Und es geht auch nicht darum, die Verletzung zu bagatellisieren! Die Haltung meiner Eltern hat sich bis an ihr Lebensende nicht verändert. Aber meine Haltung hat sich verändert.

Als ich etwa elf Jahre alt war, wollte ich mich bei meiner Mutter für etwas entschuldigen. Ich weiss nicht mehr, um was es ging. Nichts Gigantisches, aber mir war es wichtig, diesen Schritt zu tun. Ich nahm meinen Glauben an Jesus ernst, wollte nach Gottes Willen leben und sah dies als Konsequenz an. Ich drückte mich den halben schulfreien Nachmittag in der Wohnung herum, es kostete mich extrem viel Mut. Meine Mutter war im Schlafzimmer, wo sie sich eine kleine Nähecke eingerichtet hatte, um ihre Nähaufträge zu erfüllen. Sie war wie ihre Mutter Schneiderin und nähte für Kundinnen neue Kleider oder änderte sie auf die richtige Grösse ab. Auf diese Weise trug sie etwas zum schmalen Familienbudget bei. Ihre Stelle in der Versicherung hatte sie längst gekündigt. Irgendwann im Laufe des Nachmittags ging ich schliesslich zu ihr ins Zimmer, um mich zu entschuldigen. Sie lachte mich aus: Ob ich so ein schlechtes Gewissen hätte! Mein Herz zog sich zusammen und ein weiterer Mauerstein zum Schutz meiner Seele war gebaut. «Ich werde mich nicht mehr öffnen. Ich mache alles falsch ...»

Wenig später hatte meine Mutter eine kleine Operation und musste für eine Woche ins Krankenhaus. Mein Vater und ich besuchten sie jeden Abend. Am schulfreien Mittwochnachmittag beschlossen meine Schulfreundin und ich spontan, mit dem Fahrrad zu ihr zu fahren und sie zu überraschen. Das Limmattalspital war nicht so weit weg, noch dazu in Schulhausnähe. Voller Freude betraten wir das Krankenzimmer. Als sie mich erblickte, meinte sie: «Hast du so viel Heimweh nach mir, dass du mich besuchen kommst?» Ich empfand es als Spott über meine Liebe. Und wieder ein Mauerstein zum Schutz meines verletzten Herzens! Mein Versuch, Freude zu bereiten, war falsch gewesen und vergeblich.

Wir waren zu Besuch bei einer Tante. Ich sass still da und langweilte mich. Wenigstens gab es Kuchen. Die Erwachsenen redeten über dieses und jenes. Auch über ihre Kinder. Auch über mich. Und das in meiner Gegenwart. Sie sprachen darüber, dass lebendige, quirlige Kinder viel interessanter seien und sie diese viel lieber hätten. Ich war still, leise, introvertiert, schüchtern, ängstlich, angepasst. Jetzt wusste ich es klar und eindeutig: Ich war uninteressant, falsch, langweilig. Sie liebten mich nicht. Ich war fehl am Platz. Überflüssig. Ich störe.

Wieder ein Mauerstein in meiner Schutzmauer. Ich war als Person uninteressant. Ich war nur geduldet, man konnte mich ja nicht zurückgeben ...

Mein Trauma beim Tod des Grossvaters

Als ich zwölf Jahre alt war, starb unerwartet mein Grossvater. Er wurde 78 Jahre alt. Er verstarb frühmorgens zu Hause. Als ich am Mittag von der Schule nach Hause kam, teilte mir meine Mutter mit, dass wir jetzt in die Wohnung der Grosseltern fahren würden, weil der Grossvater verstorben sei. Es war der erste Todesfall in meinem Leben, sodass ich völlig überfordert war. Die Grossmutter hatte zusammen mit ihrem Sohn, der bereits dort war, schon alles vorbereitet: Arzt, Totenschein, die ersten nötigen Telefonate.

Meine Mutter wollte ihren Vater unbedingt noch einmal sehen und zwang mich, es ebenfalls zu tun: «So verabschiedet man sich, wenn jemand von der Familie stirbt.» Ich wurde nicht gefragt, ob ich das wollte. Aber ich traute mich nicht, zu widersprechen – aus Angst, meine Mutter und vor allem Gott zu enttäuschen. Ich glaubte wirklich, kein guter Christ zu sein, wenn ich die Leiche jetzt nicht anschauen und mich so von meinem Grossvater verabschieden würde. Das sagte zwar niemand direkt, aber ich verstand es so. Widersprechen kam einfach nicht infrage, schon gar nicht in dieser schwierigen Situation.

So gingen wir ins Schlafzimmer und standen vor der Leiche. Sie bot zwar keinen abschreckenden Anblick, aber schlimm war für mich grundsätzlich die Vorstellung, einen Toten zu sehen, womit ich als Zwölfjährige nicht klarkam. Und was noch schlimmer war: Es war September, ein heisser, schwüler Tag. Die Leiche lag schon mehrere Stunden in der so aufgeheizten Wohnung und begann schon, unangenehm zu riechen. Mein Grossvater war ein stattlicher Mann von über zwei Metern Körpergrösse. Die Behörden sagten uns, dass sie keinen passenden Sarg hätten. Deshalb wurde er erst spätabends abgeholt; der Gestank in der ganzen Wohnung war unerträglich. Wenn du etwas nicht sehen willst, kannst du einfach die Augen schliessen. Aber wenn du etwas nicht riechen willst, kannst du nicht aufhören zu atmen.

Gegen Abend kam dann auch mein Vater in die Wohnung der Grosseltern. Meine Mutter forderte ihn auf, eine seiner Rössli-Stumpen zu rauchen, um den quälenden Geruch zu überdecken. Er reagierte verärgert, denn normalerweise mochte meine Mutter seine Stumpen, die er nur am Wochenende rauchte, gar nicht. Aber jetzt war er gut genug, eine zu rauchen. Nun hatten meine Eltern zu allem Überfluss auch noch Streit. Es war einfach nur schrecklich. Es sollte lange dauern, bis ich dieses Erlebnis verarbeitet hatte. Ich konnte viele Jahre nicht mehr richtig schlafen. Vor meinem inneren Auge sah ich sofort meinen toten Grossvater im Bett liegen. Es war traumatisch. Und einmal mehr fühlte ich mich schuldig.

Ich konnte mit niemandem darüber reden. Erst 20 Jahre später war ich in der Lage, dieses Erlebnis in der Seelsorge aufzuarbeiten und mir zuzugestehen, dass Unrecht geschehen war an mir. Ich war es ja gewohnt, mir meine negativen Gefühle selber zuzuschreiben und den Fehler bei mir zu suchen. So auch hier. Aber die Last war einfach zu schwer. Es tat mir gut, dass mir endlich jemand zuhörte und mich ernst nahm. Zugesprochen zu bekommen, dass ich nicht schuldig war. Und dann meiner Mutter und auch mir selber zu vergeben. Meiner Mutter für die Überforderung, der sie mich ungeschützt ausgesetzt hatte. Mir selber, dass ich nicht auf meine innere Stimme gehört und mich auf die Weise missachtet hatte. Es tönt jetzt so leicht, über Vergebung zu sprechen. Das war aber ein langer Prozess, den ich auch in anderen Lebenssituationen lernte. Es ist Vergebung, die uns frei macht. Nicht umsonst spricht die Bibel unzählige Male davon.

Gott macht aus dem Trauma einen Segen für mich und andere

Dass ich es wirklich verarbeitet hatte, konnte ich im Alter von etwa 45 Jahren prüfen. Ich hatte seit vielen Jahren einen herzlichen

Kontakt mit einem Ehepaar aus der Nachbarschaft, die selber keine Kinder hatten. Sie waren beide über 70 Jahre alt, als die Frau ernstlich krank wurde. Ich begleitete beide im Alltag, bis die Frau ins Krankenhaus musste. An einem Sonntagmorgen machte ich mich bereit für den Gottesdienst, als ihr Mann Mike mich aus dem Krankenhaus anrief: Er sei bei Nelly, es gehe ihr sehr schlecht. Laut den Ärzten habe sie nur noch wenige Stunden zu leben. Ich war erstaunt, dass Mike mich anrief, und fragte ihn, ob ich zu ihnen ins Krankenhaus kommen solle. Er bejahte sofort, hörbar erleichtert. Er hatte sich wohl nicht getraut, mich direkt zu fragen.

So fuhr ich möglichst schnell ins Krankenhaus. Unterwegs betete ich zu Gott, weil mir bewusst war, was ich antreffen würde: eine sterbende Person. Ich würde also ziemlich sicher dann auch eine Leiche sehen. «Herr, ertrage ich das? Kann ich das? Will ich das?» Und diesmal spürte ich in meinem geheilten Herzen: «Ja, ich kann das, ich will das, weil der Herr mich geheilt hat und mir Kraft und Weisheit geben wird an diesem Sterbebett.» Ich musste den ganzen Weg zum Spital weinen. Aber vor Ergriffenheit und Ehrfurcht, was der Herr mir da zutraute. Ich spürte die Gegenwart Gottes in mir. Und weil ich nun ganz sicher wusste, dass der Herr mich geheilt hatte von dem traumatischen Erlebnis mit dem toten Grossvater.

Mike und ich waren noch etwa drei Stunden an Nellys Bett. Sie war nicht mehr ansprechbar. Immer wieder fragte ich Gott im Stillen: «Herr, soll ich etwas sagen, etwas tun?» Aber es war richtig, einfach da zu sein. Und kurz nach elf Uhr ist Nelly ganz still und friedlich eingeschlafen.

Zehn Jahre später erlebte ich nochmals eine ähnliche Situation. Diesmal im Geschäft. Ein Kunde, den ich fast wöchentlich für seine Bestellaufnahme am Telefon hatte, erzählte, dass seine Tochter auf der Intensivstation liege. Der Arzt habe schon dreimal angerufen und gesagt, wenn er seine Tochter noch einmal lebend sehen wolle, müsse er sich beeilen. «Aber diese Ärzte übertreiben doch immer», meinte er. Sie sei schon einmal sehr krank gewesen und zwei Tage später dann bereits wieder zu Hause.

Ich erwiderte, dass eine solche Aussage von einem Arzt unbedingt ernst zu nehmen sei, und fragte ihn, ob er jemanden habe, der ihn ins Spital bringen könnte. Er hatte niemanden und mit den öffentlichen Verkehrsmitteln war es für ihn nicht möglich, da er nicht mehr gut zu Fuss war. Ich bot ihm an, ihn zu fahren. Eine Stunde später rief er tatsächlich wieder an und nahm mein Angebot gerne in Anspruch. Sofort fuhr ich los, um den Kunden abzuholen und ins Krankenhaus zu fahren. Es lag nicht in der Nähe und der Strassenverkehr war nervenaufreibend. Wenn man in Eile ist, geht es immer zu langsam. Ich parkte das Auto vor dem Krankenhaus und wir eilten durch die langen Gänge. Wobei «eilen» übertrieben ist, denn der Kunde ging mühsam an einem Stock und hatte Atemprobleme.

So fanden wir die Intensivstation, wo wir läuten und auf Eintritt warten mussten. Ein Arzt kam und fragte nach dem Namen. «Ich muss ihnen leider mitteilen, dass Ihre Tochter vor zehn Minuten verstorben ist.» Wir standen da wie erschlagen. «Das kann einfach nicht wahr sein», dachte ich. Ein kleiner Trost war, dass sie schon seit zwei Tagen nicht mehr ansprechbar gewesen war.

Dem Kunden war es wichtig, seine Tochter noch einmal zu sehen. So warteten wir recht lange draussen im Korridor. Der Leichnam musste erst von den Schläuchen befreit werden. Ich überlegte mir, ob ich die Leiche, sollte ich gefragt werden, anschauen möchte. Und der Kunde wünschte tatsächlich, dass ich ihn ins Krankenzimmer begleitete. Er war dankbar, nicht alleine ins Zimmer gehen zu müssen. Und in mir war ein volles Ja dazu. Ich hatte den Eindruck, dass die Situation den Assistenzarzt, der dabeistand, mehr herausforderte als mich.

Wieder war ich erfüllt mit einer grossen Dankbarkeit für die innere Heilung, die ich von Jesus bekommen hatte durch Seelsorge und Gebet. Auch diese Situation war ein Belastungstest vor dem Hintergrund meines jugendlichen Erlebnisses. War ich doch unvorbereitet vom Bürostuhl direkt in diese unvorhersehbare Situation geraten und schaute hier eine Leiche an. Noch dazu eine Frau, die im selben Alter war wie ich. An diesem Morgen hatte ich wahrlich anderes geplant für den Tag. Trotz der Tragik dieses Falles hatte ich am Abend ein Herz voller Dankbarkeit über dem, was Gott getan hatte!

Ja, das kann Gott tun. Er kann aus dem grössten Elend etwas Gutes machen, wenn wir es ihm hinhalten und zutrauen. Es gibt nichts, was für ihn zu schwierig ist oder zu unwichtig. In all den Jahren habe ich gelernt, dass er mich ernst nimmt und mich sieht. In meinen Gesprächen mit Gott erzähle ich ihm wirklich alles. Er ist mein Gegenüber geworden, dem ich alles anvertraue. Es gibt bewusste und unbewusste Gebete. Gebete, wo ich mich bewusst hinsetze, um zu beten, zu hören und Menschen und Situationen vor Gott zu bringen. Mich mit Gott über meinen Alltag auszutauschen. Aber ich bin auch den ganzen Tag mit ihm im Gespräch verbunden. Manchmal nur in Gedanken. Aber sehr oft auch mit hörbarer Stimme. Ich teile einfach alles mit ihm. Das ist Anbetung.

Der Herr offenbart uns immer nur so viel, wie wir ertragen können. Er weiss besser als wir selber, was wir anzuschauen in der Lage sind. Wir würden es nicht ertragen, alles auf einmal «serviert» zu bekommen, was wir mit dem Ziel einer Heilung angehen sollten. Aber Gott kennt unser Herz und weiss, was wir ertragen können. Stück um Stück deckt er auf, damit wir seine Heilung empfangen dürfen.

Sexueller Missbrauch

Meine Eltern hatten Freunde auf einem Bauernhof im Fricktal im Kanton Aargau. Während vieler Jahre verbrachten wir fast jedes Wochenende dort, um im Stall und auf dem Feld zu helfen.

Bis meine Eltern sich mit ihnen zerstritten. Meine Eltern waren mit sehr vielen Leuten, auch in der Verwandtschaft, zerstritten, was dazu führte, dass wir nur wenig Besuch bekamen und nicht viele soziale Kontakte pflegten. Aber nach einigen Jahren wurde zumindest diese Freundschaft im Aargau wieder gekittet.

Ihre drei Kinder waren nur wenig älter als ich. Mit ihnen tat sich mir eine neue Welt auf. Wir waren oft im nahen Wald, wo wir Hütten bauten und Feuer machten. Dort rauchten wir Nielen, was meine Eltern natürlich nicht erfahren durften. Im Stall durfte ich dabei sein, wenn die Ferkel auf die Welt kamen. Ich hatte die Aufgabe, ihnen den Schleim von Nase und Mund wegzuputzen, damit sie atmen konnten. Es war immer spannend, zu sehen, wie viele junge Schweinchen es sein würden. Das Quietschen der neugeborenen Ferkel unter der Wärmelampe war einfach zu niedlich.

Ich liebte das Leben auf dem Land. Sobald ich alt genug war, meldete ich mich beim freiwilligen Landdienst an. Das ist eine Organisation, wo man in den Schulferien für einen bescheidenen Lohn sowie Kost und Logis auf einem Bauernhof arbeitet und so Bauernfamilien unterstützt – und selber das Landleben kennenlernen kann.

Meine ersten Landdienst-Ferien waren in der Nähe von Winterthur. Schon die Fahrt mit der Eisenbahn alleine dorthin war für mich als Zwölfjährige ein Erlebnis. Ich war noch nie alleine mit dem Zug unterwegs gewesen und entsprechend nervös. Ich weiss noch, wie ich beim Umsteigen in Winterthur auf dem richtigen Bahnquai stand und einen Bahnangestellten fragte, ob ich in den dort haltenden Zug einsteigen müsse. Er verneinte, denn es war ein Güterzug!

Ich arbeitete lieber auf dem Feld und im Stall als im Haus. Hausarbeit bedeutete putzen, und das war noch nie meine Lieblingsbeschäftigung. Es war ein wunderschönes Bauernhaus mitten im Dorfkern, über und über geschmückt mit Blumen, die ich jeden Abend goss. Diese Arbeit liebte ich. Die Familie hatte zwei kleine Kinder. Mit dem kleinen Mädchen im Kinderwagen durfte ich spazieren gehen.

Der Bauer arbeitete zusätzlich auf dem Bau als Dachdecker, um das Familieneinkommen aufzubessern. An einem Nachmittag nahm er mich mit auf die Baustelle. Für eine Zwölfjährige war das eigentlich nicht in Ordnung und zudem nicht ganz ungefährlich. Ich war mit ihm auf dem Hausdach und musste helfen, Ziegel zu tragen! Es war ein sehr heisser Sommertag. Nach dem Feierabend nahm er mich mit ins Freibad und anschliessend zum «Feierabendbier» in eine Festhütte auf einem Dorffest. Es wurde Unterhaltungsmusik gespielt mit einer Handorgel. Ich könnte noch heute eines der dargebotenen Lieder nennen.

Die Abende verbrachte ich immer in meinem Zimmer. Ich las viel und gerne. Ausserdem schrieb ich Tagebuch. Das enttäuschte mich nie und ihm konnte ich alles anvertrauen. An diesem Abend hatte ich bereits mein Nachthemd an und lag mit meinem Buch auf dem Bett, als der Bauer in mein Zimmer kam. Er wollte mich einladen, nach unten zu kommen, um mit der Familie Fernsehen zu schauen. Ich lehnte freundlich ab. Ich fühlte mich wie immer überflüssig, unerwünscht und fehl am Platz. Aber das war ja der Normalzustand und störte mich daher nicht. Ich war es gewohnt, alleine zu sein. Andere Gedanken hatte ich gar nicht. Ich wusste mich zu beschäftigen. Der Bauer ging.

Zehn Minuten später kam er wieder. Diesmal kam er jedoch ins Zimmer hinein und schloss ganz leise die Türe hinter sich. Ich sass mittlerweile vor dem offenen Fenster und lag nicht mehr auf dem Bett. Nun kam es zum sexuellen Missbrauch. Er sprach auf mich ein, dass ich das niemandem sagen dürfe. Ich solle ihm sagen, aufzuhören. Aber ich war starr vor Schreck und unfähig, etwas zu sagen oder zu tun. Ich hatte ja keinerlei Achtung vor mir selber, wie konnte ich mich da wehren! Und für wen denn? Ich war ja nichts wert! Ausserdem: Was sollte ich einem Erwachsenen sagen? Die hatten doch immer recht! Ich war ohnehin gewohnt, nicht ernst genommen zu werden. Vermutlich war ich auch jetzt wieder schuld. Ich hatte ihn ja verführt in meinem Nachthemd! Alles, was ich machte, war falsch und nutzlos.

Ich weiss nicht mehr, wie viel Zeit verstrich. Irgendwann ging er hinaus.

Ich wusste nicht, was ich tun sollte. Zu meinen Eltern hatte ich null Vertrauen. Denen würde ich es sicher nicht erzählen. Und doch hatte ich das Bedürfnis, es jemandem mitzuteilen. So schrieb ich einen Brief – Internet und Handy gab es ja noch nicht – an die Lagerleiterin, die ich von den Kinderlagern in Iseltwald her kannte. Als sie meinen Brief bekam, telefonierte sie unverzüglich meinen Eltern. Später sagte sie mir, sie habe nicht die Befugnis gehabt, selber über mich zu entscheiden und aktiv zu werden. So rief zwei Tage später meine Mutter an, ich solle meinen Koffer packen, sie würde mich in einer Stunde abholen.

In der Bauernfamilie gab es natürlich ein grosses Szenario. Die Bäuerin fiel aus allen Wolken und war wütend. Offenbar war es nicht das erste Mal, dass ihr Mann Mädchen missbrauchte. Welche Konsequenzen es für den Bauern hatte, weiss ich nicht.

Wieder zu Hause, arrangierte meine Mutter ein Treffen mit dem Gemeindeleiter und mir. Der Arme musste mit mir ein Gespräch führen, das weder er noch ich wollten. Ich wollte doch nicht mit irgendjemandem reden, schon gar nicht mit einem Mann! Es hat jedenfalls nichts gebracht, ausser einmal mehr die Erfahrung von Zwang und Fremdbestimmung. Und wieder ein paar Mauersteine mehr in meiner Schutzmauer. Erst viele Jahre später hatte ich den Mut, dieses Erlebnis in der Seelsorge aufzuarbeiten.

Gott übersieht keine unserer Verletzungen

Dass Gott zu seiner Zeit heilt, erlebte ich über 30 Jahre später. Musik war schon immer ein wichtiger Teil in meinem Leben. Ich höre fast jeden Musikstil gerne. Aber ausgerechnet bei Schweizer

Volksmusik stellte ich das Radio sofort ab und bekam Gänsehaut. Das ist ja nicht wirklich schlimm und auch erlaubt. Nicht jedem muss jede Musik gefallen. Und doch fragte ich mich manchmal, warum das so ist.

Als Wirtin habe ich viele Bankette und Familienfeste mitgestaltet, wo die Veranstalter ganze Bands oder Alleinunterhalter engagiert hatten, die zum Tanz oder zur Unterhaltung aufspielten. So auch an dem Geburtstagsfest eines Gastes in meinem Restaurant «Lerchenberg» in Zürich.

Ich zuckte kurz zusammen, als das Geburtstagskind mir mitteilte, dass ein Handorgelspieler den Abend musikalisch unterhalten würde. Aber ich war ja zum Arbeiten hier, ich würde es schon überstehen. Ich hatte meinen Kontrabass im Restaurant stehen, denn dort hatten wir unsere wöchentlichen Bandproben. Und bei solchen Gelegenheiten wie Banketten spielte ich zur Freude der Gäste auch mal einige Stücke mit.

Das tat ich auch hier und kam ins Gespräch mit dem Musiker. Dieser hielt sich mit nicht wenig Alkohol bei Laune. Als ich ihm im Verlauf des Abends ein weiteres Glas Wein auf die Bühne brachte, fing er an, mich zu betatschen. Diesmal wusste ich mich zu wehren und verliess die Bühne. Das Bankett lief einen Moment lang auch ohne mich und ich verzog mich kurz ins Büro, um das Geschehene zu verdauen. Mein erster, spontaner Gedanke war: «Wieder so ein Vollidiot von einem Handorgelspieler!»

Doch unmittelbar danach stellte ich mir die Frage: «Woher kommt dieser Gedanke? Weder die Musik noch die Handorgel haben etwas mit dem Verhalten dieses Typen zu tun!» Ich fing an zu beten und fragte Gott, was es mit diesem Gedanken auf sich habe. Da zeigte mir Gott im Geist das Erlebnis vom Landdienst. Das war nun über 30 Jahre her. Unbewusst hatte ich den Missbrauch in Zusammenhang gebracht mit dem damaligen Besuch mit dem Bauern im Festzelt, wo Handorgelmusik gespielt worden war. Auch dort hatten weder die Musik noch die Handorgel etwas mit dem Missbrauch zu tun. Auch Festzelt oder Bier haben keinen

Zusammenhang damit und sind an sich nichts Schlechtes. Aber in mir hatte es etwas ausgelöst.

Im Gebet habe ich das vor Gott ausgebreitet und um Heilung und Reinigung gebetet. Seitdem kann ich diesen Musikstil ohne Grimasse und Hühnerhaut geniessen. Es ist noch immer nicht meine Lieblingsmusik. Aber es ist Heilung geschehen! Und es hat Freude und Freiheit in mir ausgelöst, dass Gottes Geist mir das aufgedeckt hat an jenem Abend während der Arbeit. Solche Erlebnisse begeistern mich. Sie zeigen, dass Gott uns erstens heilen will und uns zweitens nur so viel aufzeigt, wie wir ertragen können. Er kennt uns am allerbesten und mutet uns nie zu viel zu.

2. Schule und Ausbildung

Meine Schulzeit kann ich überschreiben mit «Einsamkeit». Wenn man gut ist im Aufnehmen des Schulstoffes, ist das zwar hilfreich für die Schulnoten, aber beliebt macht man sich damit nicht. Erschwerend kam hinzu, dass ich nicht sehr kommunikativ war, vielmehr introvertiert und dann auch noch fromm. Als ich zehn Jahre alt war, zogen wir von Zürich nach Schlieren um, was meine Lage nicht einfacher machte. Ich hatte Mühe, mich an der neuen Schule einzuleben, und fühlte mich nie richtig wohl in Schlieren. Ich blieb Aussenseiterin. Nie wäre ich auf den Gedanken gekommen, mich zu wehren oder mir einen Platz in der Schulgemeinschaft zu erkämpfen. Die Situation bestätigte mir nur, was schon in meinen Gedanken gepflanzt war:

> **ICH BIN NICHTS WERT, BIN UNINTERESSANT,
> ZWEITKLASSIG, MIT MIR WILL
> NIEMAND ETWAS ZU TUN HABEN.
> UND DAS WIRD AUCH SO BLEIBEN.**

Von der vierten bis zur sechsten Klasse hatte ich einen musikbegeisterten Lehrer, der mich entscheidend gefördert hat. Er war der Dirigent des Männerchors Schlieren. Wir hatten gemeinsame Auftritte, Schulklasse und Männerchor und ein Orchester in verschiedenen Projekten, was grossen Spass machte. Herr Köhli förderte alle Schüler, die ein Instrument spielten, und gab ihnen die Möglichkeit, an Aufführungen teilzunehmen oder bei

Klassenexamen zu spielen. Das waren meine ersten Auftritte, wo ich auch lernte, mit Lampenfieber umzugehen.

Bei Herrn Köhli entwickelte ich ein Konzept, um zu Lob und Zuspruch zu kommen. Das ging so: Ich erzählte meiner Mutter, dass der Lehrer es schätzen würde, wenn sie wieder einmal zu einem Elterngespräch kommen würde. Sie machte dann pflichtbewusst einen Termin mit ihm ab, bei dem ich teilweise auch anwesend war. Ich wusste, dass es keinen Grund gab, mich zu tadeln, musste also nichts befürchten. Der Lehrer erzählte dann meiner Mutter in lobenden Tönen, was für eine gute Schülerin ich sei und wie folgsam, fleissig und vorbildlich. Meiner Seele tat dies sooo wohl und ich hatte meine sehnlichst vermissten Komplimente und liebevollen Worte!

Dieser Lehrer war auch der Meinung, dass ich die Matura und ein Studium machen sollte. Ich war die beste Schülerin der Klasse. Meine Mutter entschied jedoch, dass das nicht infrage komme. In unserer Familie studiere niemand, das passe nicht zu uns, ich solle besser eine Lehre machen. Ich wurde nicht gefragt. Es war einfach so. Punkt.

Es ist schon so, dass ich lieber praktisch arbeite, als Theorie zu verarbeiten. Und wenn ich zurückdenke, hat Gott seine Hand im Spiel gehabt, obwohl ich nicht gross nach seinem Willen gefragt habe. Ich wusste damals einfach nicht, dass Gott sich für meinen Alltag interessiert. Ich betete zwar, aber unheimlich fromm, angepasst und mit schönen Worten, um zu beeindrucken. Gebet war damals etwas für mich, was man pflichtgemäss zu absolvieren hatte, dem Herrn zuliebe. Das Vaterunser betete ich zwischendurch als «Belohnung». Ich «musste» dann nicht selber beten, sondern «durfte» wieder einmal etwas bereits Bestehendes heruntersagen! Gott sah ich als Bedrohung. Ich überlegte, wie ich ihm gefallen könnte. Und das aus Angst, denn wie stellt man Gott zufrieden, bei dem man nie weiss, wo man steht? Ich kannte ihn ja nicht als liebenden Gott. Oft hört man in Predigten, dass wir zur «ersten Liebe» im Glauben zurückkehren sollten. Ich besass glaubensmässig nie diese erste Liebe. Bei mir war das umgekehrt: Gottes Liebe lernte ich erst sehr viel später kennen.

Die Oberstufe war streng. Nicht so sehr des Schulstoffs wegen. Aber wir hatten in jedem der drei Schuljahre einen neuen Hauptlehrer. Das war nicht so geplant. Mit dem Lehrer in der zweiten Sekundarklasse war es so katastrophal, dass wir als ganze Klasse im Schulsekretariat aufmarschierten, um uns zu beklagen. Dieser Zusammenhalt der Klasse war so unüblich und machte derart Eindruck, dass es eine Aussprache gab mit allen Schülern, Eltern, Lehrern und dem Sekretariat! Wir bekamen tatsächlich einen neuen Lehrer.

Diese drei Jahre der Oberstufe waren sehr einsam für mich. Ich fühlte mich nicht wohl in der Klasse. Das war auch die Zeit, in der ich den sexuellen Missbrauch erlebte und mein Grossvater starb. Es kam einfach sehr viel zusammen.

Während der Oberstufe entscheidet man sich auch für eine Berufsausbildung. Seit der dritten Klasse wollte ich Handarbeitslehrerin werden. Es lag in der Familie, dass alle Frauen in der Verwandtschaft nähten, strickten, stickten usw.; sie waren Schneiderinnen, Näherinnen, Hutmacherinnen. Ich konnte stricken, bevor ich schreiben konnte. Wenn meine Mutter nähte, bastelte ich aus den kleinsten Stoffschnipseln Puppenkleider. Ich liebte es, kreativ zu sein. Meine Handarbeitslehrerin in der Schule verzweifelte fast an mir, weil ich regelmässig mit den gestellten Aufgaben im Nu fertig war, während die anderen Schülerinnen noch dabei waren, Maschen anzuschlagen von ihrer Strickarbeit. Sie gab mir dann als Zusatzarbeit zwei riesige Teppiche zum Knüpfen. Aber auch diese waren rasch fertiggestellt. Sie musste mich samt den fertigen Teppichen mit dem Auto nach Hause fahren, weil die Teppiche so schwer und gross waren.

Meine Berufswahl war somit über all die Schuljahre klar. Aber im letzten Jahr hatten wir als Freifach Kochen. Das gefiel mir und ich entschied mich ziemlich spontan für eine Kochlehre. Handarbeiten konnte ich auch in meiner Freizeit machen. Mein Vater nahm es mit Humor. «Die wird noch ein Restaurant haben!», meinte er schmunzelnd. Rückblickend erkenne ich: Immer wenn man über mich lachte, wurde genau das, was lächerlich gemacht wurde, Wahrheit in meinem Leben. Das ist noch heute so.

Eine andere Person jedoch konnte meinen Berufswunsch nicht nachvollziehen: der Gemeindeleiter meiner Kirche! Als er von meinem Entschluss hörte, nahm er mich zur Seite: «Bist du sicher, dass du Köchin werden willst und nicht Pflegefachfrau?» Die meisten Frauen in der Jugendgruppe lernten diesen Beruf. Aber das war nun definitiv nicht meine Gabe! Als ich nach der Lehre meine erste Stelle antrat in einem Quartierrestaurant, suchte der Gemeindeleiter wieder das Gespräch mit mir: Er legte mir nahe, in einem christlichen Betrieb zu arbeiten. Zu der Zeit waren unzählige Kochstellen unbesetzt in christlichen Hotels, Heimen, Schulen usw. Nein, ich fühlte mich wohl dort, wo ich war.

Welschlandjahr

Das Leben auf dem Bauernhof gefiel mir so gut, dass ich Bäuerin werden wollte. Das war, bevor ich mich für den Kochberuf entschied. Ich befasste mich eingehend mit der Ausbildung und beschloss, dass bäuerliche Haushaltlehrjahr zu absolvieren. Und da mich die französische Sprache begeisterte, verband ich beides miteinander und verbrachte das Lehrjahr in der französischen Schweiz. Allerdings lernte ich mindestens so gut Berndeutsch wie Französisch, denn 90 Prozent der Schulkolleginnen kamen aus dem Kanton Bern. In meiner Abschlussklasse in Schlieren war ich die Einzige, die ein Haushaltlehrjahr absolvierte. Zwei Schülerinnen wechselten auf eine höhere Schule, die restlichen machten eine kaufmännische Ausbildung. (Ich sagte immer, ich würde nie im Büro arbeiten. Heute sitze ich zu 90 Prozent im Büro …) Den Berufswunsch Bäuerin gab ich jedoch schnell auf. Es war klar, dass man, um den Beruf ausüben zu können, einen Bauern heiraten muss. Mit Bauernhof. Und wenn man ohne die entsprechende Ausbildung einen Bauern heiratet, lassen sich die nötigen landwirtschaftlichen Fertigkeiten auch im Nachhinein erlernen.

Der Bauernhof war ausserhalb von Moudon gelegen. Das liegt zwischen Lausanne und Payerne. Ich hatte ein grosses Zimmer mit Blick auf den Mont Blanc. Meine Chefs waren ein älteres Ehepaar, die erwachsene Tochter half im Betrieb mit. Wöchentlich hatte ich einen Schultag und in den ersten Wochen war an einem Abend pro Woche Französischunterricht Pflicht. Es gab Fachausdrücke zu lernen, die ich aus der Sekundarschule nicht kannte. Auf Französisch musste eine Arbeit über Hühnerzucht geschrieben werden. Wir hatten einen kleinen Hühnerhof und das Misten des Stalles war meine Verantwortung. Es war meine tägliche Aufgabe, die Eier zu holen und darauf zu achten, dass am Abend alle Tiere im Stall waren, bevor ich zuschloss.

Den Hahn versuchte ich auf Abstand zu halten. Auch musste geschaut werden, ob die Tiere gesund waren. Einmal war ein Huhn krank und musste für die Behandlung eingefangen werden. Grundsätzlich liebe ich Tiere, aber Hühner, die nervös flattern, sind nicht meine Lieblingswesen. Jedenfalls hatte das Federvieh mein Vorhaben erkannt und suchte im grossen Hundehaus Schutz. Ich kroch hinterher, um das Huhn zu fangen, was der Berner Sennenhund als Aufforderung zum Spielen verstand. Er war ganz begeistert, dass ich in sein Haus kroch! Da war ich das unerfahrene Stadtkind, das sich eher ungeschickt anstellte beim Hühnereinfangen.

In diesem Jahr machte ich meine ersten Gartenerfahrungen. Ich lernte, was Unkraut und was essbar ist und wie man mit welchem Werkzeug arbeitet. Das sollte mir später einmal von grossem Nutzen sein, als ich mit Jäten einen Zustupf verdienen konnte. Ich liebte die Natur und arbeitete lieber draussen als im Haus. Ich durfte auch beim Heuen und bei der Kartoffelernte helfen. Die ganze Familie stand auf der Erntemaschine, wo auf dem Fliessband die Steine ausgesondert und die grossen und kleinen Kartoffeln kalibriert werden mussten. Hin und wieder lag auch eine tote Maus dazwischen, was wir Frauen mit lautem Gekreische kundtaten.

Überhaupt war die Ausbildung auf Französisch eine super Vorbereitung auf meine spätere Kochlehre. Dort hatte ich einen grossen Vorsprung, da die Küchenfachbegriffe französisch sind, die ich alle schon kannte. Da war ich sogar meinem Lehrmeister voraus. Mein Chef und ich hatten einmal einen richtigen Streit, warum man Pommes frites mit «e» schreibt, Pois frits aber ohne «e». Ich war 200-prozentig sicher, es richtig auf die Menütafel geschrieben zu haben. Er schickte mich in den Vorratsraum, um die Verpackung der Backerbsen zu holen. «Nein, ich gehe nicht. Ich bin absolut sicher, dass es richtig geschrieben ist!» Der Lehrmeister ging selber nachschauen und kam mit lautem Lachen zurück: «Ich bin stolz auf dich!»

Es war auch meine Chance, hier die Grundbegriffe des Kochens zu lernen, denn ich konnte diesbezüglich absolut nichts. Zu Hause hatte ich nichts gelernt in der Küche. Allgemein hatte ich keine Ahnung von Haushaltsarbeiten, mit Ausnahme von Nähen. Ich hatte nie etwas helfen müssen, meine Mutter war der Meinung gewesen, ich hätte genug zu tun mit Schulaufgaben. Das mag sein, aber so schlimm war es auch nicht. Und vor allem war es mehr als peinlich, mit 15 Jahren keine Ahnung vom Haushalt zu haben!

Erste Kocherfahrungen

Am ersten Tag in Moudon sollte ich eine Apfelwähe machen. Die Chefin ging aufs Feld, um zu helfen, und gab mir den Auftrag, die Wähe auf eine bestimmte Zeit fertig zu machen. Ich schwitzte Blut! Ich wusste nur, wie man das Teil mit den Früchten belegt. Immerhin war der Teig schon vorhanden. Aber der Kuchenguss!

Was tut man da bloss hinein? Damals gab es ja noch kein Internet mit Google zum Nachforschen. Also schlich ich mich auf mein Zimmer und durchsuchte mein dickes Kochbuch. Eier, Zucker, Rahm – und meine erste Wähe gelang fantastisch! Beim Essen fragte die Tochter ganz erstaunt die Mutter, seit wann sie Eier in den Guss gebe, sonst mache sie das doch nur mit frischem Rahm. Das war meine erste Lektion. Auf einem Bauernhof hat man natürlich frische Milch, die abgerahmt wird. Um mit diesem frischen, etwas dickeren Rahm lässt sich manches machen, was man so in der Stadtküche nicht kennt.

So lernte ich, zu backen und zu kochen. Wäre ich später völlig ahnungslos in die Kochlehre eingestiegen, wäre es vermutlich sehr schwierig geworden – für den Chef und für mich!

Jedes Wochenende durfte ich einen Kuchen backen und eine Creme machen. Meine erste Karamellcreme (Crème Caramel) endete damit, dass der Zucker schwarz und komplett eins wurde mit der Pfanne. Keine Chance, diese rasch sauber zu bekommen. Da die Chefin gerade nicht in der Küche war, versenkte ich die Pfanne unbemerkt im Brunnen hinter dem Stall und begann von Neuem mit einer anderen Pfanne. Diesmal gelang mein karamellisierter Zucker perfekt. Um die verklebte Pfanne wollte ich mich später kümmern. Als ich nach Feierabend zum Brunnen schlich und die Pfanne herausfischte, war sie – o Wunder – sauber! Der verbrannte Karamell war einfach weg. Erst später lernte ich, dass man erkalteten geschmolzenen Zucker mit kaltem Wasser für eine Stunde einweichen muss, dann löst er sich selber auf. Somit hatte ich unwissentlich das Richtige getan. Mir ist nicht bekannt, dass die Kühe danach an Diabetes litten …

Ja, die Kühe. Ich liebte es, wenn ich am Abend die Kühe von der Weide holen und in den Stall treiben durfte. Wir mussten mit der Herde die Hauptstrasse überqueren und die Autos mussten so lange warten, bis alle Kühe vorbei waren. Meistens war es kein Problem, weil die Kühe den Weg kannten und gerne «nach Hause» gingen. Einmal passte ich nicht auf und eine Kuh machte sich davon. Ich war dankbar, dass die Chefs mich nicht rügten und alles gut endete!

Jenes Jahr, 1982, war ein ausgesprochenes Baumnussjahr. Zum Hof gehörten ein paar Nussbäume. Natürlich war es meine Aufgabe, die Nüsse vom Boden aufzusammeln. Es wollte nicht mehr aufhören. So gab es Nusskuchen und noch mehr Nusskuchen. Im Winter wurden dann die Nüsse geknackt, die Kerne aussortiert und in die Presse gebracht. Dadurch lernte ich Baumnussöl kennen. Etwas wirklich Feines über dem Salat! An meiner mündlichen Abschlussprüfung war eine Frage, ob sich Baumnussöl erhitzen lasse. Ich hatte keinen blassen Schimmer. Aber eine Antwort musste ich ja geben. Und da nur Ja oder Nein infrage kam, war die Chance bei 50 Prozent, zu gewinnen. So antwortete ich in absoluter Überzeugung: «Mais bien sûr!» Die Prüfungsexpertin schüttelte mit einem milden Lächeln den Kopf. Aber ich hatte die Prüfung trotzdem bestanden.

Die praktische Prüfung fand in der Schulküche statt. Mehrere Jeunes Filles waren jeweils am eigenen Herd am Kochen und Rüsten. Die Kollegin nebenan flüsterte mir verzweifelt zu, dass sie es nicht schaffe, ihren Gasofen anzuzünden. Ich versprach, ihr zu helfen (wenigstens das hatte ich zu Hause in der Küche gelernt!). Allerdings sagte sie mir nicht, dass sie schon seit einigen Minuten immer wieder den Gashahn geöffnet hatte, um es selber zu probieren. So öffnete ich das Gas und zündete ein Streichholz an. Sofort gab es eine grosse Stichflamme, die mir den Arm und die Augenbrauen verbrannte. Total erschrocken und mit Schmerzen auf der Haut machte ich die Prüfung zu Ende!

Freiheit und «Sklavenerfahrung»

Da der Bauernhof fast fünf Kilometer ausserhalb des Dorfes lag, bekam ich von meinem Vater ein Mofa. Ich genoss es, mobil zu sein und damit an meinen freien Nachmittagen das Welschland zu entdecken. Ich war zum ersten Mal so weit weg von zu Hause und die welsche Schweiz war für mich wie fernes Ausland.

Wir hatten pro Woche einen halben Tag frei und pro Monat einen ganzen Tag. Die meisten Lernenden nahmen die Tage zusammen und fuhren alle zwei Monate für ein Wochenende nach Hause in die Deutschschweiz. Ich dagegen genoss die Zeit fern von zu Hause und fuhr mit meinem Mofa an den freien Tagen unter anderem nach Yverdon, Lausanne und in den Zoo von Servion und machte Sightseeing. Das war für mich Freiheit pur. An den Abenden spazierte ich mit dem Hund meiner Bauernfamilie über die Felder. Der Berner Sennenhund war sehr zutraulich und folgte mir überallhin.

In Moudon gab es eine Deutschschweizer Jugendgruppe, die ich wöchentlich besuchte. Die Gemeinschaft mit Gleichgesinnten tat mir gut. Zum ersten Mal lernte ich andere Christen kennen. Es öffnete meinen Horizont auch glaubensmässig.

Meine Chefin hatte eine hochbetagte Mutter, die sie von Zeit zu Zeit für ein paar Tage aus dem Altersheim zu uns auf den Hof holte. Auch sie hatte früher Angestellte gehabt, um nicht zu sagen: Knechte und Mägde. Denn so behandelte sie mich. Es war für mich immer eine Herausforderung, wenn sie bei uns war. Ich arbeitete sehr gerne. Und es war ja okay, dass ich die Schuhe der Chefs putzen oder sie beim Essen bedienen musste. Aber bei dieser Grossmutter fühlte ich mich wie eine Leibeigene. Schon dass sie mich nie beim Namen nannte, war nicht gerade wertschätzend. Sie sprach mich mit «la jeune fille» an: «Elle est où, la jeune fille? Qu'est-ce qu'elle fait, la jeune fille?» Das kam mir schon fast «sklavenmässig» vor … Aber es lehrte Demut. Ich akzeptierte es und lernte dabei viel.

Wenn man eine Fremdsprache lernt, gibt es automatisch witzige Situationen. In den ersten Wochen sagte ich jeden Morgen «Salut» zu meinem Chef. Ich hörte das als Begrüssung bei den anderen und war mir nicht bewusst, dass das geduzt ist. Aber er sagte nichts und schaute mich Morgen für Morgen mit scharfem

Blick an. Irgendwann merkte ich es selber. Im Waadtland ist es so, dass man nicht einmal die Schwiegereltern duzt!

Für die Schule mussten wir lernen, aus welchen Holzarten man welchen Gegenstand herstellt (es darf mich heute bloss keiner mehr danach fragen …). Im Wörterbuch suchte ich das französische Wort für «Kiefer» und wunderte mich, dass es zwei verschiedene Wörter dafür gibt. Ich nahm einfach das erste. Meine Chefin schaute meine Arbeiten durch und wunderte sich, wie ich auf das Wort gekommen war. Sie selber sprach kein Deutsch. Es stellte sich heraus, dass ich Möbel aus dem Kiefer, den wir im Gesicht haben, herstellen wollte!

Meine Chefin merkte schnell, dass ich gerne und gut Handarbeiten machte. So strickte ich in der Winterzeit Socken im Dutzend für den Chef. Oder ich bestickte Tischdecken für den elend langen Esstisch im Salon, der nur einmal im Jahr bei einer gediegenen Gelegenheit gebraucht wurde. Es war mir eine Ehre! Das liebte ich! Da kam ich voll zum Zug! Es war toll, dass meine Chefin meine Gabe einsetzte. Wir profitierten beide davon.

Seit Beginn des Französischunterrichts in der Sekundarschule hatte ich über eine Agentur Brieffreunde, um die französische Sprache auch schriftlich zu trainieren. Es faszinierte mich, Briefe zu erhalten und sie wieder zu beantworten. Heute, im Internetzeitalter, kann man sich kaum mehr vorstellen, dass man einst Tage und Wochen auf Antwort gewartet hat. Während meines Welschlandjahres hatte ich sieben Brieffreunde und -freundinnen aus der ganzen Welt, dazu die Bekannten in der Heimat, die ich mit meinen Schreiben beglückte. Der Pöstler in Moudon hatte seine wahre Freude an mir. Es verging kein Tag, an dem ich keinen Brief bekam. Der Pöstler kam immer am späteren Nachmittag mit den Sendungen und trank mit meinen Chefs ein Gläschen Waadtländer Weisswein (oder auch zwei oder drei …). Wenn er Ferien hatte und eine Vertretung für ihn unterwegs war, kam diese schon am Vormittag zu uns. Seltsam.

Dieses Jahr im Welschland war eines der glücklichsten Jahre meines Lebens, auch wenn es sehr streng war. Ich hatte keinen Familienanschluss, obwohl ich mit der Familie unter einem Dach wohnte. Aber das lag an mir und nicht an der Gastfamilie. Es war ja tief in mir verwurzelt, dass ich stören würde. Kein Gedanke, dass es anders sein könnte.

Ich störe. Ich werde es nie zu etwas bringen. Mir ist nichts vergönnt. Wir haben immer Pech. Wir sind arm und bleiben es auch. Alle sind gegen mich.

Das glaubte ich, hatte es so abgespeichert. Ich hatte akzeptiert, nicht zu einer Familie zu gehören.

Aber hier konnte ich mit meiner Arbeit zeigen, dass ich wertvoll war. Ich war gut und schnell und kräftig. Man konnte mich überall einsetzen. Ich begriff und lernte schnell. Ich bekam Komplimente für meine Arbeit, und das tat meiner einsamen Seele gut.

Ich liebte es, die wenige Freizeit selbstständig und abenteuerlustig zu verbringen. Ich blühte auf. Die Weihnachtsferien verbrachte ich zu Hause bei den Eltern. Ich war 16 Jahre alt und noch nie mit einem Flugzeug geflogen. So buchte ich mit dem gesparten Geld von der Konfirmation einen Flug von Genf nach Zürich. Vor Reiseantritt war ich unglaublich nervös. Mit dem Zug fuhr ich von Moudon nach Genf und war zwei Stunden zu früh dort, um meinen Flug auf keinen Fall zu verpassen. Der Flug dauerte 20 Minuten und ich wurde von den Eltern in Kloten abgeholt, die ihrerseits nervös seit zwei Stunden am Flughafen warteten … Ich fühlte mich wie nach einer Weltreise!

Zurückblickend denke ich, dass das mein Wesen ist: kreativ, mutig, unkonventionell, unerschrocken, unangepasst, innovativ, interessiert. Was wäre aus mir geworden, wenn ich zu Hause gefördert und ermutigt worden wäre? Heute bin ich versöhnt mit mir selber und mit meiner Geschichte, sodass solche Fragen keinen

Platz mehr haben. Ich bin dankbar, dass Gott jede Minute meines Lebens kennt. Er war immer dabei, kannte meine Gedanken und Seelennöte. Sein Schutz war über mir, bevor es mir bewusst war. Denn ich habe während meines Lebens Gottes Güte, Heilung und Freisetzung auf unglaubliche Weise kennengelernt. Ja, ich bin tief berührt und dankbar, wenn ich daran denke, wie Gott über meinem Leben wachte, bevor ich ihn kannte. Gerade durch das Jahr im Waadtland und die Lehre als Koch sind Grundlagen gelegt worden, die mir damals nicht bewusst waren.

Gerne hätte ich die Kochlehre in der Westschweiz absolviert. Aber meine Eltern waren nicht einverstanden. Sie waren schon etwas verwundert, mich in jenem Jahr so selten zu sehen. Ihrerseits kamen sie mich nur einmal besuchen. Für meinen Vater war das Waadtland fernes Ausland. Drei Stunden mit dem Auto, so weit fahren zu müssen war eine Zumutung für ihn. Wieder fühlte ich mich schuldig, war falsch und den eigenen Eltern nicht wert genug, hatte ihnen lediglich Mühe und Kosten gemacht.

Kochlehre

Meine Kochlehre absolvierte ich im Personalrestaurant einer Grossfirma in Zürich. Es war mir viel wert, geregelte Arbeitszeiten zu haben. Ich hatte jeden Abend und jedes Wochenende frei. Das ist nicht üblich in der Gastronomie. Mein Lehrchef war streng, aber sehr menschlich. Er konnte sehr klar und laut durchgeben, wenn ich Mist gebaut hatte. Aber genauso offen und ehrlich zeigte er mir, wenn ich etwas gut gemacht hatte. Das tat mir gut. Ich wurde wesentlich gefördert, aber nicht überfordert.

Der Ablauf der Lehrzeit war gut strukturiert. Ich wusste immer im Voraus, wenn ich auf die nächste Station kommen sollte: kalte Küche, Gardemanger, à la carte, Produktion usw. Und doch hatte ich immer Angst. Angst, es nicht zu schaffen. Angst zu versagen. Angst, nicht zu genügen. Mein Chef hat das schnell gemerkt, denn als schüchterne Lehrtochter fiel ich schnell auf in der rauen Atmosphäre der Grossküche. Aber er ermutigte mich. Er sagte immer wieder: «Als du auf die Welt kamst, konntest du noch nicht Fahrrad fahren.»

Ja klar, logisch. Sein Spruch hat mich noch oft daran erinnert, dass wir ein Leben lang lernen. Dass wir schon vom ersten Tag an lernen, aber wir haben es vergessen. Wir haben gelernt, zu laufen und zu rennen, Rad zu fahren und zu rechnen, zu lesen und zu schreiben. Wir sind so manches Mal hingefallen und haben geweint. Es war selbstverständlich, wieder aufzustehen und weiterzugehen. Keiner von uns ist liegen geblieben. Und jetzt lernen wir Dinge auf einer neuen Stufe. Lernen hört nie auf. Aber das haben wir vergessen – und auch, dass es wehtun kann.

Es ist allgemein bekannt, dass in der Gastronomie ein raues Klima herrscht. Es ist fast permanent stressig. Man muss zwingend auf eine bestimmte Zeit fertig sein. Die Gäste wollen jetzt und sofort essen. Wollen das Fünf-Minuten-Ei in drei Minuten haben. Die einen Köche kompensieren den Stress mit Rauchen, andere mit Fluchen. Sehr viele leider mit Alkohol.

Bei mir war es nicht mal ein Kompensieren. Ich war mit 16 Jahren in einer Phase, wo ich dazugehören wollte. Ich begann, zu fluchen und Kraftausdrücke zu benutzen, die ich mich früher nie getraut hätte, in den Mund zu nehmen. Aber ich wollte dazugehören und probierte es auf diese Weise. Es war mir dennoch nicht wohl dabei. Und es entsprach mir überhaupt nicht. Bald erkannte ich, dass dies nicht der Weg sein konnte, mich zu etablieren. So blieb ich unbewusst einfach ich selber. Die ruhige, introvertierte Regula. Zwar immer noch

DIE, DIE ES NIE ZU ETWAS BRINGEN WIRD. DIE UNBELIEBT IST UND ARM UND ES AUCH BLEIBT.

Aber etwas, was mir nicht behagte, wollte ich doch auch nicht sein! Einmal fiel die Bemerkung einer Köchin: «Je stressiger es wird, je ruhiger wirst du!» Das ist bis heute so. Ja, ich liebe es, wenn es um mich herum «kracht und fetzt» und Druck aufkommt. Da werde ich umso ruhiger und konzentrierter. Und ich strahle die Ruhe und den Frieden auf die anderen aus. Eine wertvolle Gabe als Arbeitgeberin, die mir heute sehr zugute kommt.

Später, in meiner Ehe, gab es Zeiten, wo ich es zu Hause nicht aushielt und immer wieder flüchten musste. Da schnappte ich mir ein Buch und ging in ein überfülltes Starbucks-Café, um dort ein paar Stunden zu lesen und einfach «zu sein». Im Kontrast zum Lärmpegel spürte ich meine innere Ruhe viel mehr, als wenn ich an einem idyllischen Bächlein gesessen hätte mit Vogelgezwitscher … Ruhe zu geniessen geht auf beide Weisen.

Nach der Lehre arbeitete ich in verschiedenen kleinen Cafés und Quartierrestaurants in Zürich. Eines war die renommierte Metzgerei «La Grande Boucherie du Molard». Ich habe dort das Take-away aufgebaut. Meine kleine Produktionsküche war im hinteren Bereich, wo die Metzger arbeiteten. Ich liebte das selbstständige Arbeiten und der Erfolg gab mir recht. Allerdings war das Klima zwischen den Metzgern noch rauer, als ich das von der Gastronomie her kannte. Einen der Metzger grüsste ich nicht einmal mehr, weil er dermassen primitiv war und es nicht lassen konnte, ständig obszöne Bemerkungen zu machen. Die Metzgerei war auf Rindfleisch spezialisiert. In der Weihnachtszeit machte ich auf Kundenbestellungen gegen 100 Filets im Teig innert zwei Wochen – des Schweizers Weihnachtsessen neben Fondue Bourguignonne! Die Metzgerei machte später leider Konkurs, da zu der Zeit die BSE-Krise (Rinderwahnsinn) übers Land fegte und kaum jemand mehr Rindfleisch ass. Ein ganzer Monatslohn ging mir durch den Konkurs verloren.

Die nächste Stelle war ein Quartierrestaurant. Der Beizer war ein älterer Herr um die 70. Noch nirgends habe ich so viel Ungeziefer gesehen wie in diesem Betrieb. Ich putzte ständig, aber hier hätte es einen Kammerjäger gebraucht, es war ein tieferes Problem und keine Frage des Reinigens. Doch der Chef wollte für so etwas kein Geld ausgeben. Dann wunderte ich mich, dass alle drei Wochen eine neue Serviertochter dastand. Bis ich herausbekam, dass er dem jungen Mädchen, das gerade angestellt war, beim Abrechnen um Mitternacht ein paar grosse Noten auf den Tisch legte mit dem Angebot, diese würden ihr gehören, wenn sie jetzt mit ihm aufs Zimmer käme! Bei mir traute er sich nicht, so etwas zu fragen! Allerdings war ich auch in seinem Blickfeld: Mein Kleiderspind war im Keller inmitten des Vorratsraumes platziert und mir fiel auf, dass immer dann, wenn ich nach unten ging, um mich umzuziehen, er etwas im Keller zu tun hatte ... Auch das Thema Lohnauszahlung war eine Katastrophe. Am Monatsende musste ich ihn mehrmals auffordern, den Lohn zu bezahlen. Ich bekam das Geld dann in bar, mit den kleinen Noten, mit denen die Gäste bezahlt hatten. Nach drei Monaten suchte ich mir eine neue Stelle.

Missionseinsätze

Zurück vom Welschlandjahr, besuchte ich wieder die Jugendgruppe und die Sonntagsgottesdienste. In dieser Zeit begann ich auch, mit grossem Interesse in der Bibel zu forschen. Bisher hatte ich eher meine tägliche Lesepflicht absolviert und war immer froh gewesen, wenn das Kapitel nicht zu lang war. Doch jetzt wollte ich mehr wissen. Ich verbrachte viele Stunden damit, um zu einem bestimmten Thema Antworten zu finden oder einen Bibeltext besser zu verstehen.

Aus unserer Gemeinde waren einige junge Erwachsene auf Missionseinsätzen mit OM (Operation Mobilisation) im Ausland und auf dem Missionsschiff Doulos unterwegs. Was sie erzählten und erlebten, faszinierte mich. Dies, aber auch die Überzeugung, dass der Herr immer genau das von einem verlange, was man nicht will, bewog mich, zweimal an einem OM-Sommereinsatz in Österreich teilzunehmen. Ich wollte prüfen, ob ich vollzeitlich in die Mission gehen sollte. Ja, die Angst, dass Gott dich in den Urwald oder nach China in die Mission schicken könnte, obwohl das der reine Horror wäre für dich, ist ein schreckliches Bild vom liebenden Vater! Diese beiden dreiwöchigen Einsätze waren wunderbare Erfahrungen für mich. Nur schon die Gemeinschaft mit Christen aus aller Welt hat meinen Horizont nochmals erweitert.

Beim ersten Einsatz war ein Südafrikaner dabei mit Namen Luther. Im nächsten Jahr lernte ich seinen Bruder kennen: Er hiess Spurgeon ... Ich weiss nicht mehr, ob sie weitere Brüder mit ähnlich kreativen Namen hatten. Die Einsätze haben mir gutgetan. Bei OM lebt man aus dem Glauben, dass Gott uns versorgt, auch finanziell. Deshalb gibt man sein Geld während des Einsatzes ab (man erhält es wieder für die Heimreise). So kommt man nicht in Versuchung, aus der eigenen Quelle zu leben. Es bleibt mir in Erinnerung, wie wir als 15-köpfiges Team am Mittagstisch sassen. Wir hatten danach keine Vorräte und kein Geld mehr. Da läutete es an der Tür und der Nachbarsjunge brachte uns einen selbst gebackenen Kuchen seiner Mutter. Es beeindruckte mich tief, dass Gott nicht nur für das Lebensnotwendige sorgt, sondern auch für die Nachspeise!

Beim zweiten Einsatz hatten wir die Möglichkeit, im örtlichen Männergefängnis eine Veranstaltung durchzuführen. Ich sehe noch heute vor mir, wie zahlreiche bewaffnete Beamte den Saal sicherten. Wir machten eine Art Gottesdienst vor etwa 100 Häftlingen. Ich weiss nicht, ob es eine gute Idee war, dass eine Kollegin und ich zwei Lieder sangen vor all diesen Männern. Die Teammitglieder gaben ein persönliches Glaubenszeugnis und hielten eine kleine Predigt. Bei OM erlebte ich zum ersten Mal eine Gebetsnacht. Auch das beeindruckte mich tief. Mit vielen Eindrücken fuhr ich zurück in die Schweiz.

Meine Eltern holten mich am Hauptbahnhof in Zürich ab. Auf der Heimfahrt im Auto erzählte ich begeistert von dem, was ich erlebt hatte. Sie lächelten nur mitleidig und ich spürte, dass es sie kaum interessierte. Ich wurde immer verschlossener und wusste am Ende nicht, wie ich mein Erleben einordnen sollte. Auch in der Gemeinde wollte ich das Erlebte einbringen. Ich war Teil der Jugendgruppe und leitete manche Abende und die Anbetungszeiten im Gottesdienst. Voller Eifer und Begeisterung erzählte ich von den Gebetsnächten und erntete – Gelächter! Eine ganze Nacht beten? Hallo?! Ich durfte es dann einige Male zusammen mit der Gemeindeleitung organisieren und durchführen. Aber irgendwie fiel es nicht auf fruchtbaren Boden und versandete bald.

Für mein persönliches Leben war es indessen eine wesentliche Bereicherung. Es tut gut zu sehen, dass Glauben nicht nur ein bestimmtes Gesicht hat. Sprich, dass ein Gottesdienst andere Formen haben darf, als wir es hier in der Schweiz kennen, und dass Anbetung anders aussehen kann, als wir es tun. Und ich wusste nun, dass ich nicht in die Auslandsmission gehöre.

3. Mein Leben ist ein Scherbenhaufen

Ich war gerade 20 Jahre alt geworden und so richtig im Lebenssaft. Mit dem Alter wurde man damals in der Schweiz volljährig. Heute ist man schon mit 18 Jahren «erwachsen» – zumindest rechtlich gesehen. Nun verspürte ich Lust auf mehr Selbstständigkeit und Weite. Nicht räumlich, ich hatte zu Hause bei den Eltern mein eigenes Zimmer. Aber ich brauchte Freiraum. So begann ich mich nach einer eigenen Wohnung umzusehen in der Nähe meines Arbeitsplatzes in der Stadt Zürich. Schnell wurde ich fündig, ich konnte die Zweizimmerwohnung einer Arbeitskollegin meines Freundes übernehmen. Ich freute mich sehr auf meine eigene Wohnung. Meine Eltern sagten nicht viel dazu, sie liessen es einfach geschehen.

Mein Auszug von daheim war weder rebellisch noch überstürzt, sondern geplant und eigentlich eine gesunde Ablösung. Aber ich löste ein Unglück aus. Unsere Familienstruktur funktionierte – zumindest äusserlich – so lange, wie nichts verändert wurde. Die Ehe meiner Eltern lief schon länger nicht mehr gut. Mein Vater beklagte sich bei mir über meine Mutter. Und meine Mutter jammerte bei mir über meinen Vater. Dies gab mir einen gewissen Wert. Wenigstens hierfür war ich nützlich. Natürlich war das nicht gesund. Und es half niemandem.

Jetzt war ich nicht mehr zu Hause und meine Eltern standen sich plötzlich gegenüber. Und das ging nicht gut. Sie hatten Streit und schuld war – ich. Kurz nach dem Umzug in meine neue Wohnung telefonierte ich mit meiner Mutter. Es ging um eine

Kleinigkeit, bei der wir uns nicht einig waren. Ich widersprach ihr ruhig und sie begann zu weinen. Es kam nicht oft vor, dass ich mich traute zu widersprechen. Die Waffe meiner Mutter war, zu weinen. Mein Vater wiederum konnte mit ihren Tränen nicht umgehen und schuld war – ich. Mein Vater war so wütend, dass er meiner Mutter den Telefonhörer aus der Hand riss und mich anschrie, ich bräuchte nie mehr nach Hause zu kommen!

Das war massiv. Damit konnte ich nicht umgehen. Ich hatte nie gelernt, mit Konflikten umzugehen. Wir hatten ja keine Konflikte in der Familie. Vermeintlich. Mein Vater schwieg oder tobte. Und ich passte mich an, damit alles möglichst schnell wieder harmonisch war. Aber eine gesunde Streitkultur gab es nicht. Darum empfinde ich heute manche Harmonie als ungesund (ausser in der Musik …). Ich glaube, Harmonie ist der Feind des Friedens. Lieber Konflikte angehen, damit sich nichts anstaut, auch wenn es einmal laut werden sollte.

Ich lernte zu misstrauen. Ich wusste nie, was echt war. Was war nun wirklich gemeint? War die Freundlichkeit mir gegenüber echt oder würde in meiner Abwesenheit doch schlecht über mich geredet? Ich war total verunsichert. Vor Bekannten waren meine Eltern gewöhnlich sehr freundlich und lächelnd. Zu Hause tönte es dann anders, dort kritisierten sie andere Menschen. Und ich nahm das als Massstab und Vorbild. Ja, lange machte ich es ebenso. Andere Menschen zu kritisieren ist eine billige Weise, um selber grösser oder besser dazustehen. Es dauerte lange, bis ich die Grösse und den Mut hatte, etwas zu hinterfragen und gar zu kritisieren oder aber etwas bzw. jemanden zu loben.

Meine Eltern waren mit vielen Menschen zerstritten, so auch mit dem Bruder meiner Mutter und seiner Familie. Er hatte fünf Töchter. Es waren meine einzigen Cousinen und ich litt darunter, dass ich keinen Kontakt zu ihnen haben konnte. Das änderte sich erst mit meinem 50. Geburtstag: Ich machte ein grosses Fest und lud meine Cousinen ein. Wir beschlossen damals, dass der Streit unserer Eltern uns nichts anginge und wir uns zukünftig jährlich treffen wollten. Das haben wir bis jetzt so durchgezogen und ich liebe das Zusammensein mit meinen Cousinen und ihren Familien!

Zwei Wochen nach diesem heftigen Telefongespräch mit meinem Vater kam ich von der Arbeit nach Hause. Vor meiner Wohnungstür standen die restlichen Kartonschachteln mit meinen Habseligkeiten, die noch bei meinen Eltern gewesen waren. Mein Vater hatte sie mir ohne Vorwarnung in meiner Abwesenheit ins Treppenhaus gestellt. Das war radikal, ein Stich ins Herz. Ich versuchte während vieler Jahre, den Kontakt mit den Eltern wieder herzustellen und das Verhältnis zu meinem Vater zu klären – erfolglos. Es blieb bei dem Bruch bis zu seinem Tod mit 86 Jahren.

Ich suchte Hilfe bei Seelsorgern in der Gemeinde, denn ich empfand diese Situation als sehr belastend. Die Antwort war, dass die Eltern es doch nur gut meinten; alle Eltern liebten ihre Kinder; andere hätten gar keine Eltern … Ich solle doch einfach dankbar sein für die meinen. Das hat mir nicht nur nicht geholfen: Es war eine zusätzliche Last. Wieder fühlte ich mich schuldig! Es dauerte lange, bis ich wieder Vertrauen hatte in Menschen, um in Gesprächen meine Nöte anzuschauen.

Familiäre Prägungen

Mein Vater arbeitete die meiste Zeit seines Berufslebens bei der Wasserversorgung Zürich als Hilfsarbeiter. Er hatte keine Hobbys, keine Freunde. Nichts. Seine Tage liefen immer gleich ab. Er fuhr abends mit demselben Bus nach Hause. Wenn er den verpasste, kam es nicht gut, obwohl die Busse in Zürich zur Hauptverkehrszeit alle sieben bis acht Minuten fahren. Dann fluchte er zu Hause zuerst eine halbe Stunde über seine Chefs und seine Arbeit. Das prägte mein Bild über Chefs. Diese standen angeblich auf der einen Seite, die Arbeitnehmer auf der anderen Seite. Die Chefs waren die Bösen, die Arbeiter die Leidenden. Wer will schon zu den Bösen gehören? In meiner Verwandtschaft gab es niemanden, der selbstständig war oder einen Chefposten innehatte. Und wenn meine Eltern jemanden kennenlernten, der eine Führungsposition innehatte, war es in ihren Augen ein «Angeber». Das prägte sich mir ein. Führungskräfte waren also etwas Schlechtes! Ich hatte keine positiven Vorbilder diesbezüglich. Nie wäre ich auf die Idee gekommen, etwas anderes zu werden als eine Angestellte!

Als ich später meine eigene Firma hatte und die ersten Mitarbeiter beschäftigte, musste ich mich mit dem Gedanken auseinandersetzen, dass ich jetzt Chefin war und dass das nichts Negatives darstellte. Im Gegenteil: Was ist das für eine fantastische Möglichkeit, wenn man als Chefin in die Mitarbeiter investieren kann! Als Lehrtochter musste ich lernen, dem Office-Mitarbeiter (er war ein Mann im Alter meines Vaters) das schmutzige Geschirr hinzustellen. Er war mir als 17-Jähriger unterstellt! In den ersten Wochen machte mir das Mühe, weil ich mir vorstellte, dass er von der Funktion und vom Alter her mein Vater hätte sein können. Und ich wollte unmöglich meinen Vater als meinen Hilfsarbeiter!

Das brauchte in meinem Denken einen Schritt hin zum «Das ist meine Stellung und er hat die Stellung des Hilfsarbeiters». Es hat nichts zu tun mit Gut oder Schlecht. Mein Grossvater hatte seinen Hilfsarbeiterjob ja auch mit Würde gemacht. Interessanterweise war seine Arbeitssituation nie ein Problem für mich gewesen. Vielleicht, weil er sich nie negativ darüber geäussert hatte; weder für den Grossvater noch für die Familie war das je eine Frage des Ansehens gewesen. (Nur seine Schwiegertochter schämte sich deswegen und brach deshalb den Kontakt mit ihnen ab!)

Später, als Arbeitgeberin, war genau das meine Haltung gegenüber den Angestellten: Jeder, vom Betriebsleiter bis zum Hilfsarbeiter, ist wertvoll und trägt zum Gelingen des Erfolgs bei. Und das kommuniziere ich immer wieder. Aber hier war es der Anfang vom Prozess, sich von der «Sklavenhaltung» meines Vaters zu lösen. Ich musste die Verantwortung für mein Denken selber übernehmen.

Mein Vater wiederum konnte sich nicht mitfreuen an meinem Erfolg. Er mied mich mehr und mehr und interessierte sich weder für meine Arbeit noch mein Leben. Als mein Vater pensioniert wurde, rief sein Chef meine Mutter an, um sie zu warnen, wie schwierig er sei! Später war mein Vater nur einmal zu Gast in meinem Restaurant «Lerchenberg» bei einem speziellen Anlass. Doch er freute sich nicht über meinen Erfolg. Nie hatte er ein lobendes Wort für meine Tätigkeit. Im Gegenteil: Auf die Frage einer Bekannten, ob er stolz sei auf seine Tochter, antwortete er bloss mit einem stummen Kopfschütteln. Wieder wartete ich vergeblich auf ein anerkennendes Wort. Offenbar genügte ich nicht. Und wieder ein Mauerstein mehr in meiner Schutzmauer.

Dass mein Vater so zwanghaft lebte, hatte mit seiner eigenen Geschichte zu tun. Es war der Versuch, Sicherheit zu erlangen und seinen Schmerz zu ertragen. Erst viel später konnte ich das einordnen. In der Seelsorge vermochte ich zu erkennen, dass sein Verhalten nicht meine Verantwortung war und es nicht meine Schuld war, wie es ihm ging und was er aus seinem Leben machte. Heute kann ich es annehmen, dass Gott mir diese Eltern gegeben hat und keine anderen. Durch sie bin ich da, wo ich heute bin. Und das ist gut so.

Sonja

Sonja war die Schwester meiner Mutter und auch meine Patin. Ich liebte sie von Herzen und sie mich. Sie war eine spontane, herzliche Person, die gerne und viel lachte. Sie lebte und arbeitete über 35 Jahre als Missionarin im damaligen Zaire. Zu der Zeit gab es weder Internet noch die Möglichkeit zu telefonieren. So schrieben wir uns Briefe, die bis zu zwei Jahren unterwegs waren oder gar nie ankamen. Die Nachricht vom Tod ihres Vaters erhielt sie erst ein halbes Jahr später! Sonja musste für einen Brief nach Europa so viele Marken auf den Umschlag kleben, dass die Fläche kaum dafür ausreichte; die Marken waren so übereinandergeklebt, dass man gerade noch den Wert der einzelnen Marken erkannte. Vermutlich war der frankierte Brief dadurch doppelt so schwer wie das superleichte Briefpapier und der Überseeumschlag.

Die Bekehrung meiner Tante ist eine bemerkenswerte Geschichte: Als sie Teenager war, arbeitete ihr Vater bei der Kehrichtabfuhr. Da der Müll nicht in Säcke verpackt war wie heute, sondern lose aus Kübeln ausgeleert wurde, sahen die «Kübelmänner» oft nach, ob noch etwas Brauchbares dabei wäre. Meine Grosseltern waren dankbar um jeden Zustupf, in welcher Form auch immer. Auf diesem Wege brachte mein Grossvater ein fast neues Buch von Frau Dr. Wasserzug nach Hause, der Gründerin der Bibelschule Beatenberg. Sonja las das Buch und bekehrte sich dadurch zu Jesus! Ja, Gott hat verschiedene Wege, sein Wort zu verbreiten.

Nach der Ausbildung zur Damenschneiderin zusammen mit ihrer Schwester besuchte Sonja die Bibelschule auf dem Beatenberg. Das war in den 1960er-Jahren. Sie erzählte mir lustige Storys darüber; Sonja war schon damals unkonventionell und ihrer Zeit voraus. Die Frauen mussten dort Röcke und Unterröcke tragen. Einmal wurde sie ins Büro der Vorsteherin gerufen. Diese ermahnte sie beim Gehen, dass ihr Unterrock unter dem Saum des Rockes hervorschaue. Sonja schwieg und war erstaunt. Denn sie konnte der Rektorin doch nicht sagen, dass sie gar keinen Unterrock trug! Mit ihren Freundinnen fand sie schliesslich heraus, dass, als sie vor der Vorsteherin stand, sich hinter ihr ein Tischchen befand, das mit einem Tischtuch mit Spitzensaum bedeckt war. Vermutlich hatte die Vorsteherin diesen Spitzensaum für ihren Unterrock gehalten, der dann eben zu lang war …

Eine weitere Geschichte: Einmal hatte eine Referentin etwas Witziges im Unterricht erzählt und alle hatten laut gelacht. Die Referentin verlangte anschliessend, dass sich alle einzeln bei ihr im Büro entschuldigen müssten fürs Lachen. Alle Studentinnen taten das schuldbewusst. Nur Sonja nicht. Sie sagte der Referentin, dass sie, wenn sie etwas Lustiges erzähle, damit rechnen müsse, dass gelacht werde. Sonja war für mich ein grosses Vorbild. Sie war weder sportlich noch modisch, aber von Herzen liebenswürdig und echt. Und sie war mutig und schwamm gegen den Strom, in jeder Hinsicht. In ihrer Gegenwart fühlte ich mich geliebt und wohl.

Sonja bekam den Ruf von Gott, in die Mission nach Afrika zu fahren. Ihr älterer Bruder Edi war dagegen. Wenn er das Familienoberhaupt wäre, würde er ihr das verbieten, meinte er. Sie würde bestimmt als Suppenwürfel in einem grossen Topf der Eingeborenen enden! Sonja kam etwa alle vier Jahre in die Schweiz zum Heimaturlaub. Einmal kam sie in Kinshasa auf dem Flughafen an und wartete darauf, dass sie abgeholt würde. Neben ihr standen ihre Koffer. Da packte ein fremder Afrikaner einen ihrer Koffer und rannte davon. Sie rief ihm in der Eingeborenensprache Lingala hinterher: «Wenn du meinen Koffer nicht sofort zurückbringst, werde ich dich verprügeln.» Erschrocken, dass eine weisse Frau seine Sprache sprach, brachte er den Koffer sofort zurück. Das war Sonja live!

Nach dem Tod meines Grossvaters flog meine Grossmutter für ein paar Wochen auf Besuch zu ihrer Tochter nach Afrika. Es war ihr erster Flug und ihr erster Auslandaufenthalt. Ein eindrückliches Erlebnis! Da war sie bereits über 73 Jahre alt.

Einige Jahre später erhielten wir über die Missionsvereinigung die Nachricht, dass Sonja am nächsten Tag am Flughafen Kloten ankommen werde und ob wir wüssten, was passiert sei. Wir wussten von nichts und machten uns schon die schlimmsten Gedanken. Wir sahen sie im Rollstuhl sitzen oder was auch immer. Die ganze Familie samt Grossmutter stand zum Empfang hinter der Glasscheibe im Flughafengebäude. Endlich kam Sonja – und schaute entsetzt auf die Grossmutter! Nach der Begrüssung klärte sie uns auf: Sie hatten in der Missionsstation über Funk eine schlecht verständliche Nachricht bekommen, die sie so verstanden hatten, dass Sonjas Mutter verstorben sei und sie sofort nach Hause kommen solle. Später fanden sie heraus, dass die Nachricht in Wirklichkeit eine englische Missionarin betraf, deren Mutter gestorben war. Sonja hatte auf dem ganzen Flug immer wieder weinen müssen. Nun freute sie sich natürlich über die «Auferstehung» ihrer Mutter und zog den Heimaturlaub vor.

Später war geplant, dass sie sich mit 64 Jahren pensionieren lassen und dann ihre Mutter betreuen würde, die mittlerweile 90 Jahre alt war. Doch kurz bevor es so weit war, erhielten wir die Nachricht, dass Sonja einen Knoten in der Brust entdeckt habe, der bösartig und nicht mehr behandelbar sei. Ich war geschockt und wollte es nicht glauben. Sonja war wie eine Mutter für mich. Ich hatte mich so darauf gefreut, dass sie nach ihrer Pensionierung wieder in der Schweiz leben würde und ich so endlich eine nähere Beziehung mit ihr aufbauen könnte. «Soll das etwa nicht sein? Nimmst du mir genau den Menschen weg, der mich liebt?», fragte ich Gott in meiner Verzweiflung.

Sonja schloss ihre Arbeit in Afrika ab, übergab ihre Aufgaben an Einheimische und kehrte in die Schweiz zurück. Dort wohnte sie bei ihrer Mutter, meiner Grossmutter. Sie liess sich operieren, obschon kaum Hoffnung auf Heilung bestand. Nach etwa einem Jahr wurde sie zunehmend schwächer. Die ärztlichen Termine häuften sich. Sonja bat meine Mutter um Hilfe bei den täglichen Besorgungen und Begleitung zu Arztterminen. Meine Mutter sagte zwar zu, war aber unzuverlässig in ihrer Hilfe. So konnte es vorkommen, dass Sonja und meine Grossmutter zuweilen vor einem leeren Kühlschrank sassen.

Das ging eine Weile so, bis Sonja mich bat, die Unterstützung zu übernehmen. Damals arbeitete ich zu 60 Prozent in einem Restaurant als Köchin und konnte mir daher die Zeit für die erbetene Betreuung gut nehmen. Täglich fuhr ich nach der Arbeit zu ihnen, um ihren Haushalt zu machen und mich mit ihnen auszutauschen. In dieser Zeit verkomplizierte sich die Beziehung mit meinen Eltern. Sie waren schlicht eifersüchtig wegen der herzlichen Beziehung zwischen Sonja, meiner Grossmutter und mir und dass ich den beiden so viel Zeit widmete. Wieder hatte ich Schuldgefühle. Aber ich wusste, dass ich nichts Schlechtes oder Falsches tat, und überliess meinen Eltern die Verantwortung für ihre eifersüchtige Haltung.

Von Sonja erfuhr ich in dieser Zeit viel über die Vergangenheit meiner Mutter. Das half mir, manches einzuordnen, denn meine Eltern hatten beide nie etwas über ihr Leben erzählt und blieben für mich fremde Menschen. Sonja, meine Grossmutter und ich haben zusammen viel gelacht. Und geweint. Sonja glaubte, dass Gott sie heilen würde. Sie bestellte neue Möbel, richtete ihr Zimmer neu ein und bestellte gleich noch eine neue Matratze. Als ich eines Nachmittags zu ihnen kam, war die Matratze in die Wohnung geliefert, aber die alte nicht zur Entsorgung mitgenommen worden. Sonja und ihre Mutter waren voller Sorge darüber. Ich sagte ihnen, dass ich erst einmal in den Quartierladen zum Einkaufen gehen wollte, danach würde man weitersehen. Solche Situationen haben mich schon immer herausgefordert, zu erwarten, dass Gott eine Lösung bereithält. Für Gott ist nichts zu klein oder zu gross, was wir ihm anvertrauen.

So verliess ich das Haus Richtung Quartierladen. Da sah ich, dass gleich gegenüber auf der anderen Strassenseite eine Mulde stand und Nachbarn dabei waren, eine Wohnung zu räumen und Haushaltsgegenstände zu entsorgen. Ich traute meinen Augen nicht! Die Mulde hatte ich beim Kommen vorher gar nicht beachtet. Ich ging zu der Frau, die gerade ein kleines Möbelstück hineinwarf, und fragte sie, ob ich eine alte Matratze mitentsorgen dürfe, ich würde gerne auch etwas dafür bezahlen. Sie hatte nichts dagegen.

Ich rannte in die Wohnung zurück und packte zum Erstaunen der beiden Frauen die Matratze. «Ich habe bereits eine Lösung!», rief ich ihnen zu, schleifte die alte Matratze die Treppe hinunter und hievte sie in die Mulde. Die Nachbarin war mit fünf Franken zufrieden und wir drei Frauen dankten Gott für diese prompte Erhörung. Näher hätte die Mulde nicht stehen können und zeitlich nicht besser: nicht einen Tag später oder früher und nicht 100 Meter links oder rechts, sondern genau vor dem Haus. Schon fast Luxus … Damals hatte ich noch kein Auto zur Verfügung und das von meinem Vater war nicht zu haben. Ich liebe es, wenn der Vater im Himmel unsere Alltagssorgen sieht und für uns sorgt, bevor wir ihn darum bitten können! Für manche mag es eine Kleinigkeit sein, aber für die beiden alten und schwer kranken Frauen war es ein Riesenberg, den wir mit Glauben und Vertrauen versetzt hatten. Wow, danke, Herr!

Später habe ich, wieder mit Begeisterung, meinem Vater davon erzählt, als wir uns in der Wohnung der Grossmutter zufällig begegneten. Er regte sich darüber auf, dass ich der Frau nur fünf Franken gegeben hatte. Das sei viel zu wenig! Wieder ein Dämpfer in meiner Begeisterung. Damit konnte ich einfach nicht umgehen. Ich wagte nicht, zu widersprechen. Machte ich wirklich alles falsch? Viele Jahre später fragte ich mich, was passiert wäre, wenn ich hier meinem Vater widersprochen hätte. Wäre es eine Chance für ihn gewesen, die Güte Gottes zu erkennen?

Sonja organisierte ein kleines Fest zum 90. Geburtstag ihrer Mutter. Doch am Tag vor dem Fest musste ich Sonja mit der Ambulanz ins Spital einweisen lassen. Sie hatte unerträgliche Schmerzen und konnte nicht mehr aufstehen. Es war das letzte Mal, dass Mutter und Tochter sich sahen. Das Geburtstagsfest fand ohne Sonja statt. Die Freude war gedämpft.

Sonjas Tod und Vermächtnis

Nun besuchte ich nach der Arbeit zuerst Sonja im Spital und dann meine Grossmutter zu Hause. So streng und intensiv es war, habe ich diese Zeit doch als sehr bereichernd in Erinnerung. Wenn ein Mensch mit Jesus versöhnt ist, dann ist der Tod ein Teil des

Lebens. Sonja hatte inzwischen Knochenkrebs und Metastasen im Gehirn. Man konnte nicht mehr klar mit ihr reden. Die letzten drei Wochen war sie nicht mehr ansprechbar. Trotzdem war ich täglich bei ihr im Krankenhaus. Es ging ein grosser Friede von ihr aus. Sie bekam ein Einzelzimmer im Krankenhaus. Meist war ich einfach bei ihr und sang Anbetungslieder. Oder weinte. Aus innerem Schmerz und auch vor Ergriffenheit. Wenn man einen gläubigen Menschen beim Sterben begleitet, ist es, wie wenn man vor dem Himmelstor steht und durch die halb offene Türe ein klein wenig hinüberschauen kann in die Herrlichkeit. So habe ich es empfunden.

Am Abend vor ihrem Tod war ich alleine bei ihr im Krankenzimmer. Sie reagierte nicht mehr und atmete schwer. Ich stand neben ihrem Bett. Ihre Augen waren glasig und sie erkannte nichts mehr. Plötzlich drehte sie den Kopf zu mir, schaute mich mit klaren Augen an und sagte zu mir: «Sei stark im Herrn und in der Kraft seiner Stärke.» Dann wurde ihr Blick wieder glasig und sie sah und hörte nichts mehr. Am nächsten Tag, kurz vor neun Uhr morgens, ist sie verstorben. Ich erhielt die Todesnachricht per Telefon an meine Arbeitsstelle.

Der Bibelvers, den Sonja mir als Letztes zugesprochen hatte – ich liess ihn dann auf ihren Grabstein setzen –, war nicht neu für mich. Aber ihn so zu hören war wie eine Botschaft direkt vom Himmel. Es war eindrücklich, wie ein Vermächtnis. Ich sann oft darüber nach, was das Wort zu bedeuten habe, wollte es verstehen und anwenden. Was heisst es, stark zu sein im Herrn? Was ist die Kraft seiner Stärke? Dieses Wort sollte mich in den nächsten Jahren wesentlich begleiten. Es war das Beste, was Sonja mir hinterlassen konnte! Besonders in herausfordernden Zeiten wurde mir der Vers zum Trost und zur Kraft. Das ist das beste Tauschgeschäft mit Gott: Der Herr will in meiner Schwachheit stark sein, wie er in seinem Wort sagt. Dann muss ich die Schwachheit ihm geben!

Mir wurde bewusst, dass ich es umgekehrt machte. Oft betete ich: «Herr, schau meine Gaben an und was ich so gut kann. Mach etwas daraus!» Ich weiss nicht, ob Gott gelacht oder geweint hat über meinen Versuch, ihm zu imponieren. Damit wollte ich meine Schwächen verstecken und sie selber überwinden. Nun lernte ich, meine Schwächen Gott hinzustrecken, damit er darin stark sein konnte: Ängste, Minderwertigkeitsgefühle, Stolz, Zweifel, Oberflächlichkeit, seelische Müdigkeit, Kleinglaube und Vergesslichkeit von Gottes Grösse … Ich merkte, wie meine Beziehung zu Gott sich dadurch veränderte. Und es wurde fast zu einem Sport, dass ich in meinem Leben nach weiteren Schwachstellen suchte, um sie beim Herrn einzutauschen!

Es ist brutal, wenn man einer Mutter mitteilen muss, dass ihre Tochter verstorben ist. Für meine Grossmutter war es zwar nicht überraschend. Seit Sonja im Spital war, telefonierte sie täglich mit ihrer Mutter. Aber die letzten drei Wochen konnte sie es nicht mehr. Ich ging in der Kochbluse von der Arbeit weg und fuhr mit dem Tram zu meiner Grossmutter. Sie war überrascht, mich mitten am Tag zu sehen. Sie nahm die Nachricht mit Fassung auf. Sie war eine tapfere Frau. Es war ihr zweites von drei Kindern, das starb. Wenige Jahre zuvor war ihr Sohn Edi mit 54 Jahren tragisch im Meer ertrunken.

Als ich am Nachmittag desselben Tages ins Krankenhaus fuhr, um den Totenschein und Sonjas persönliche Sachen zu holen, forderte mich die Pflegefachfrau auf, meine Tante nochmals anzuschauen. Sie hätten sie schön zurechtgemacht mit einer Rose in den Händen. Kurz zögerte ich vor ihrem Zimmer und liess mich fast überrumpeln. Doch dann merkte ich, dass ich dazu noch nicht bereit war und Sonja lieber so in Erinnerung behalten wollte, wie ich sie gekannt hatte. Das war gut so. An der Beerdigung nahmen über 200 Menschen teil. Sonja hatte sehr viele Freunde und war sehr beliebt.

Durch die intensive Zeit und den Schock, den ihr Tod in mir auslöste, konnte ich keine wirkliche Trauer zulassen. Auch weil ich dachte, es nicht zu dürfen. Sie war ja gläubig gewesen und ich war es ebenfalls. Alles gut also – salopp gesagt. Das war das religiöse Denkmuster in mir. Ausserdem ging nun die Betreuung der Grossmutter weiter, sodass ich ohnehin nicht zur Ruhe kommen konnte.

Die letzten Jahre mit meiner Grossmutter

Die Beziehung zu meiner Grossmutter wurde nun noch intensiver. Sie erzählte oft aus ihrem langen Leben. Manchmal schwiegen wir auch einfach, das war auch okay. Ich versuchte, sie teilhaben zu lassen an meinem Alltag. So erzählte ich ihr von einem Bericht meines afrikanischen Kollegen Luther von OM. Ich pflegte noch Briefkontakt mit ihm. Er war in einem Jahresprogramm mit OM in Österreich. Zum ersten Mal in seinem Leben erlebte er Winter, Schnee und Eis. Sein Team nahm ihn mit aufs Eisfeld zum Schlittschuhlaufen. Prompt stürzte er und musste eine Platzwunde an der Nase nähen lassen.

Ich schaute meine Grossmutter an und war mir nicht sicher, ob sie überhaupt zuhörte oder ob sie verstanden hatte, was ich sagte. Aber es war ja nicht so wichtig. Ich überlegte, was ich ihr noch erzählen könnte. Nach ein paar Minuten des Schweigens meinte sie schelmisch: «Hoffentlich hatten sie schwarzen Faden!» Und wir beide lachten herzhaft! Das war typisch für meine Grossmutter – und die Überlegung einer Schneiderin. Einige Jahre später hatte ich eine klassische Berufsverletzung, eine tiefe Schnittwunde am Daumen vom Gemüserüsten. Ich musste die Wunde im Krankenhaus ambulant nähen lassen. Als ich so dalag und auf die Arbeit des Chirurgen schielte, musste ich an die Worte meiner Grossmutter denken und schmunzeln. Denn hier benutzten sie für meine bleiche Haut schwarzen Faden!

Auch meine Grossmutter konnte ich bis zu ihrem Tod begleiten. Sie starb im Spital, wo sie nach einem Oberschenkelhalsbruch infolge eines Sturzes operiert wurde. Wir sprachen oft über den Tod und über den Himmel. «Ich freue mich so, Jesus zu sehen!», das war ihre Sehnsucht, aber immer noch voller Lebensfreude. «Ich bin zwar viel alleine, aber nicht einsam», sagte sie. Nach der Operation war sie so schwach, dass es klar war, dass sie in ein Pflegeheim eintreten musste und nicht mehr nach Hause in ihre Wohnung zurückkehren konnte. In ein Pflegeheim wollte sie aber auf keinen Fall. In all den Jahren hatte sie mir immer wieder versichert: Solange ich sie betreuen könne und wolle, schätze sie das sehr. Aber wenn es mir nicht mehr möglich sei, dann trete sie in ein Heim ein. Aber jetzt, mit 94 Jahren und in diesem völlig abhängigen Zustand, war sie alt und lebenssatt. Mir schien es, als würde sie «abhauen».

Wenige Tage später starb sie, noch bevor sie ins Heim verlegt wurde. Bei meinem letzten Besuch hielten wir einander lange schweigend die Hand. Irgendwie wussten wir beide, es würde das letzte Mal sein. Sie war nie eine Person grosser Zärtlichkeiten. Aber nun drückte sie meine Hand lange fest an ihre Wange. Es war für mich eine Liebesportion auf Vorrat. Und ein Abschied auf Zeit. Ich freue mich, sie im Himmel wieder zu sehen.

Religiosität

Zu der Zeit begann ich auch, meine Mitarbeit in der Gemeinde zu hinterfragen. Ich zählte mich seit über 14 Jahren zur Freikirche. Einmal im Gottesdienst zu fehlen ohne triftigen Grund kam nicht infrage. Das wurde so nicht ausgesprochen von der Gemeindeleitung, aber die entsprechende Erwartungshaltung war da. Das Brechen der jahrelangen Gewohnheit löste Schuldgefühle aus. Mir wurde bewusst, dass ich und ebenso die ganze Gemeinde für Gott arbeiteten und schufteten. Aber was war das Ergebnis? Um ehrlich zu sein: Ausser dass wir müde wurden und enttäuscht waren, änderte es nicht viel.

Ich fing an, Gott nach seiner Kraft zu fragen. Denn diese fehlte offensichtlich. Ich forschte in der Bibel zu diesem Thema und lernte, dass Gottes Geist seine Kraft ist, die er jedem von uns gibt. Der Geist Gottes war aber ein heikles Thema in dieser Gemeinde, ja es wurde vor ihm gewarnt: Da könnten seltsame Dinge passieren, die wir nicht im Griff hätten. Aber wenn in der Bibel so oft von diesem Geist die Rede ist, wie können wir das einfach wegstreichen, nur weil es uns nicht passt? Ich wollte das nicht mehr und begann, mich intensiv mit dem Thema auseinanderzusetzen.

Zudem entschied ich mich, eine halbjährige Auszeit von meinen Aufgaben in der Gemeinde zu nehmen. Ich wollte Gott selber begegnen, ihn wirklich kennenlernen. Wer ist dieser Gott eigentlich? Muss ich Angst haben vor ihm? Was heisst das, ein Gott der Liebe? Als ich der Gemeindeleitung meinen Entschluss zu einer Auszeit bekannt gab, kam das gar nicht gut an. «Wir sind eine kleine Gemeinde und brauchen jede Mithilfe. Wenn du nicht mehr Gitarre spielst im Gottesdienst, haben wir niemanden, der das übernimmt.» Aber in dieser Argumentation zeigte sich ja genau die zwanghafte Haltung, die nichts mit Gott zu tun hatte. Ich zog meine Auszeit durch. Zum Thema des Heiligen Geistes fanden wir keine Übereinkunft, sodass ich bald beschloss, aus der Gemeinde auszutreten. Ich wollte diesen Gott der Bibel kennenlernen und ich wollte seine Kraft empfangen. Aber das konnte ich nicht, während ich in Aufgaben eingebunden war, wo Gottes Geist nicht willkommen war.

So begann für mich eine intensive Zeit, in der ich Gott konkret erlebte. Über zehn Jahre gehörte ich keiner örtlichen Gemeinde an. Gott sah mein Suchen und erhörte mein Gebet. Das ist ja seine Verheissung, dass er sich finden lässt von denen, die ihn ehrlich suchen. Von selber drängt Gott sich niemandem auf. Ich lernte immer besser, auf die Stimme seines Geistes zu hören. Anstelle von Schuld- und Angstgefühlen am «freien» Sonntagmorgen erlebte ich seine Gegenwart von Montag bis Sonntag. Statt in gewohnter und eingeübter Manier Gott zu dienen, lernte ich, in der Freiheit zu leben, die er durch Jesus gebracht hat, und in der Kraft seines Geistes. In dieser Zeit erhörte der Herr auch meinen Hilfeschrei aus meiner Depression.

4. Der Beginn eines Abenteuers

Wenige Tage nach meinem verzweifelten Hilfeschrei zu Gott sass ich wieder in meinem Wohnzimmer und starrte ins Leere. Stundenlang. Unvermittelt durchzog mich ein Gedanke, nur ein einziges Wort: «Mahlzeitendienst». Ich horchte auf. Dieses Wort kam dermassen plötzlich und klar, dass ich trotz meiner schweren Depression wusste: Das war ein Wort von Gott! Zu diesem Zeitpunkt wusste ich nicht, dass Gott zu Menschen redet. Ich kannte wohl Beispiele aus der Bibel und hörte aus Zeugnissen, dass Gott auch heute noch zu Menschen spricht. Aber das galt nur für die anderen. Ich kam gar nicht auf den Gedanken, dass Gott mich überhaupt sehen könnte! Mein Glaubensleben war völlig verkrampft und mühselig.

Es wird sich nie etwas bewegen. Ich bin nicht wichtig. Ich bin arm und bleibe es auch. Alle sind gegen mich. Mir traut niemand etwas Bedeutsames zu. Das glaubte ich, hatte es so gespeichert in meinem Kopf und Herzen.

Ich betete zwar täglich und glaubte an Gott. Aber ich konnte mir nicht vorstellen, ob bzw. wie Gott etwas verändern würde in meinem Leben. Ich war dermassen traurig. Es schien völlig aussichtslos. In jedem Bereich meines Lebens hatte ich resigniert. Zwar wusste ich, dass ich viele Gaben bekommen hatte. Aber wer würde sich dafür interessieren? Wem würden sie etwas nützen? Auch im geistlichen Bereich taugte ich nach meiner Überzeugung nichts. Die andern waren begabt in vielen Bereichen. Sie wurden in der Gemeinde eingesetzt und trugen Verantwortung. Ich und meine Ideen wurden dagegen ausgelacht. Ich sehnte mich danach, im Alltag eine Tätigkeit ausüben zu können, in der alle meine Gaben vereint wären. Ich bin kreativ, liebe es, zu organisieren, kann kochen, mache Musik. Aber am stärksten war ich in dem Wissen, was ich nicht konnte und nicht wusste. Das hatte ich am häufigsten gehört. Das war abgespeichert. Und das war stärker als alles andere.

Ich begann, über dieses Wort «Mahlzeitendienst» nachzudenken. Es hat mit meinem Beruf als Koch zu tun. Meinen Beruf liebte ich. Es waren nur die Umstände in der Gastronomie, die nicht optimal waren. Diese schlechten Voraussetzungen liessen mich mittlerweile nach anderen Tätigkeiten umschauen (ich hatte bereits Unterlagen vom städtischen Verkehrsbetrieb angefordert, um mich dort als Tram- und Busfahrerin zu bewerben). Die Kunden von einem Mahlzeitendienst wären Senioren. Schon immer hatte ich ein grosses Herz für Senioren gehabt. Hoffnung begann mein Herz zu durchströmen! Gleichzeitig war mir bewusst, dass ich in meiner Schwachheit und Depression nicht einmal fähig war, einen Telefonanruf zu erledigen. Das ängstigte mich.

Ich sprach mit meiner Seelsorgerin darüber. Sie war begeistert von der Idee und ermutigte mich. In kleinen, zaghaften Schritten begann ich, zu planen und zu überlegen, wie das umgesetzt werden könnte. Ich würde in meiner privaten Küche beginnen zu kochen, um erst einmal keine Fixkosten zu haben. Dazu brauchte ich eine Bewilligung vom Wohnungsvermieter und vom Lebensmittelinspektorat des Kantons Zürich. Ich hatte wenig Hoffnung, beides zu bekommen. Somit wäre die Sache schon im Ansatz erledigt. Nach einigem Zögern rief ich die Verwaltung meiner Wohnung an. Das sei überhaupt kein Problem, erhielt ich als Auskunft.

Ich dürfe nur keine Werbetafeln an die Fassade hängen. Und schon hatte ich diese Bewilligung. Wow! Ich war ermutigt. Dann machte ich einen schriftlichen Antrag ans Inspektorat. Nach einer Woche hatte ich bereits eine positive Antwort: Auf Zusehen hin würden sie meine Anfrage bewilligen. Das grenzte für mich an ein Wunder. Nie und nimmer hatte ich damit gerechnet.

Es konnte also losgehen. Üblicherweise wird jeder Gastrobetrieb zweimal pro Jahr unangemeldet kontrolliert. Ich sehe es noch vor mir, als wäre es gestern gewesen: Beim ersten Kontrollbesuch kamen die Kontrolleure zu zweit. Die Chefin persönlich schaute sich meine winzig kleine private Küche an und war begeistert von meinem Vorhaben. Problemlos bekam ich ihre Unterschrift. Der zweite Inspektor sass derweil in meinem Wohnzimmer (dort waren auch meine Meerschweinchen untergebracht!) und schüttelte unentwegt den Kopf. Wäre er alleine erschienen, hätte ich niemals Gunst und Unterschrift von ihm bekommen. Es war sichtbar Gottes Hand, der alle Details im Griff hatte und von Beginn an über dem Projekt wachte.

Nun konnte ich weiterplanen. Ich hatte eine Idee, wie ich die Menüs verpacken würde. Dazu brauchte ich eine professionelle Vakuumiermaschine. Kostenpunkt: 2500 Franken. Dieses Geld hatte ich nicht. Ausliefern würde ich die Menüs mit einem Roller. Den hatte ich ebenfalls nicht, selbst die Fahrprüfung für Motorräder musste ich noch machen. Ein Auto stand mir nicht zur Verfügung. Und grösser denken konnte ich nicht, was Anschaffungen, Zukunftsplanung, Budgetierung betraf. Wenn ich heute Vorträge halte über meine Geschichte, erwähne ich gerne die Geschichte von Abraham: Gott hatte ihm ein ganzes Volk als Nachkommen verheissen. Aber Abraham hatte nicht mal einen einzigen Sohn. Mir hatte Gott eine Firma «verheissen». Aber ich hatte weder Geld noch Erfahrung. Aber ich hatte Gott, der mich befähigte. Er machte es möglich. Immer wieder erlebte ich in all den Jahren die Möglichkeiten und Mittel Gottes. Wir müssen sie nur abrufen und auf ihn vertrauen.

Und manche Erfahrungen musste ich erst machen. Viele Christen beten: «Herr, nimm meine Angst weg. Herr, mach mich mutig. Herr, tu, mach, gib …» Ich glaube nicht, dass das der richtige Weg ist. Es gibt Dinge, die wir aus Erfahrung lernen müssen. Überwinden müssen. Weil es uns stärkt und wir Gottes Gegenwart erleben. Und sein Geist steht uns bei und hilft. Gott sagte zu Josua: «Sei stark und mutig» – und das war ein Befehl. Er sagte nicht, dass er ihn jetzt stark und mutig machen würde. Und er sollte auch nicht warten, bis er ganz plötzlich stark wäre.

Kürzlich ermutigte mich ein Bild aus der Tierwelt: In der Nähe meines Wohnortes hat es seit Kurzem Biber, die ihre Dämme bauen und dazu Bäume anknabbern und fällen. Weil mich die Tiere und ihr Leben faszinieren, wollte ich mehr über sie erfahren. Da lernte ich zum Beispiel, dass die jungen Biber wasserscheu sind und von ihren Eltern ins Wasser geschubst werden müssen! Wie bitte? Tiere, die bis zu 20 Minuten tauchen können und den grössten Teil ihres Lebens im Wasser verbringen, kommen wasserscheu auf die Welt? Vom Adler, dem König der Lüfte, ist bekannt, dass er sein Nest hoch oben baut. Wenn die Adlerküken da oben aus den Eiern schlüpfen, haben auch sie Angst vor dem, wozu sie geboren sind: vor dem Fliegen. Sie werden von den Eltern aus dem Nest geschupft, damit sie es überhaupt wagen, die Flügel auszubreiten und zu fliegen!

Es gibt bestimmt noch mehr Bilder, die das unterstreichen: Könnte es sein, dass das, wofür wir bestimmt sind, uns am meisten Angst macht? Könnte es sein, dass wir jemanden brauchen, der uns hilft, unseren «Lebensraum» zu finden? Es ist richtig, unsere Ängste und Schwachheiten im Gebet dem Herrn hinzustrecken. Aber es könnte sein, dass er dich dann als Antwort aus dem Nest wirft, damit du fliegen lernst. Oder ins Wasser schupft, damit du schwimmen lernst.

Ich sage immer, dass Gott mich liebevoll überlistet hat, eine gaaanz kleine Firma zu gründen … Zuerst lernte ich, zu telefonieren und mit Ämtern zu verhandeln; dann, Kundinnen und

Kunden zu bedienen und ein eigenes Produkt zu vertreten; und dann wieder anderes … All diese Schritte brauchte ich, um stark zu werden. Es hätte mir nichts genützt, wenn ich das alles über Nacht gekonnt hätte. Es gibt Dinge, die lernt man nicht aus Büchern und auch nicht aus der Erfahrung anderer. Man muss sie selber trainieren wie die Muskeln im Krafttraining.

Zu jener Zeit betreute ich meine Grossmutter in ihrer Wohnung. Sie war so begeistert von meinem Vorhaben, dass sie mir half, die Kosten für die ersten Anschaffungen zu tragen. Sie war sich bewusst, dass sie ohne meine Hilfe und Unterstützung längst in ein Pflegeheim hätte umziehen müssen. Schon seit einigen Jahren konnte (und wollte!) sie ihre Wohnung nicht mehr verlassen. Sie zeigte mir mit der finanziellen Unterstützung ihre Dankbarkeit und hatte Freude an dem, was ich tat. Ja, von ihr hörte ich nie, dass ich etwas nicht könne. Sie war die Ermutigerin in meinem Leben.

Meine Grossmutter wurde auch meine erste Kundin. Dann eine Nachbarin und der Grossvater eines Kollegen. Dann die Tante eines Bekannten und die Schwester des Freundes der Mutter eines Kollegen. So ging das weiter mit Mund-zu-Mund-Propaganda. Ich habe nie viel Werbung gemacht. Und – ich hatte von Beginn weg Neider. Fremde Leute, die mich mit Schimpfworten betitelten. Anfangs war ich schockiert. Aber offensichtlich war das ein Zeichen, dass ich es gut machte, mit der Firma auffiel und meinen Platz einnahm. Ja, Gegenwind zu ertragen ist ein wichtiger Punkt, wenn man eine Firma leitet und dadurch in der Öffentlichkeit steht. In den ersten Jahren hatte ich noch schlaflose Nächte nach solchen verbalen Angriffen. Doch ich lernte, damit umzugehen. Heute nehme ich es einfach zur Kenntnis und kann es aushalten, «ungeliebt» zu sein.

Jäten und Fixkosten

In den Anfangsmonaten verdiente ich noch nicht genug und war auch zeitlich noch nicht ausgelastet. In der Siedlung, wo ich wohnte, war damals ein Hauswart für längere Zeit krankgeschrieben. Es war eine sehr grosse Siedlung mit viel Grünfläche zwischen den Gebäuden. Ich fragte auf der Verwaltung an, ob sie eine Aushilfe bräuchten. So verdiente ich stundenweise mit Jäten etwas Geld dazu (ich war so dankbar für das auf dem Bauernhof im Waadtland Gelernte, sonst hätte ich nicht zwischen Unkraut und Zierpflanzen unterscheiden können …).

Das erste Werbeinserat, das ich im Tagblatt der Stadt Zürich erscheinen liess, zeigte unser Logo mit dem alten Kochherd und dem Firmennamen. An jenem Morgen war ich nervös, weil ich keine Ahnung hatte, wie die Resonanz auf das Inserat sein würde. Der erste Anruf, der kam, war von einer begeisterten Frau, die fragte, ob man den kleinen alten Herd von unserem Logo kaufen könne!

In dieser Anfangszeit waren viele Fragen zu lösen. Ich testete manches aus: welche Verpackung optimal ist, welche Portionengrösse für die Senioren passend ist, wie der Speiseplan zu gestalten ist … Meine private Telefonnummer war auch die des Geschäfts. Somit nahm ich tagsüber Anrufe immer ab mit «Gourmet Domizil, Sulser». Auch hier wieder die Erfahrung, wenn es ein privater Anruf war: dass die Person lachte. So wie man immer gelacht hatte, wenn ich etwas plante und umsetzte. Es gab zu diesem Zeitpunkt nicht viele Leute in meinem Umfeld, die an meinen Erfolg glaubten. Und ich selber glaubte es ja auch nicht. Zumindest nicht in dem Ausmass, was dann daraus geworden ist.

Nach anderthalb Jahren wurde es räumlich zu eng und ich fand ein kleines Lokal an der berüchtigten Rosengartenstrasse in Zürich. Berüchtigt deshalb, weil der Durchgangsverkehr durch diese Strasse führt und die Autobahnen verbindet. Der Verkehrsfluss hört auch nachts nie auf. Der Lärm ist enorm. Ich reinigte einmal den Briefkasten, danach war der Lappen kohlrabenschwarz. Nur um zehn Minuten später wieder eine schwarze Russschicht über dem Kasten zu haben. Die Rosengartenstrasse ist seit Jahrzehnten ein «Provisorium» und immer wieder ein politischer Streitpunkt, wo denn nun der Verkehrsfluss durchgeführt werden sollte. Für uns als Firma war es ein mittelschwieriges Abenteuer, die Autos vor dem Haus mit den Kühlboxen zu beladen und loszufahren. Zudem war direkt vor dem Haus eine Bushaltestelle. Man konnte darauf wetten, dass gerade dann, wenn man losfahren wollte, ein Bus kam. Und die haben immer Vortritt! Zu diesem Zeitpunkt hatte ich erst drei Fahrerinnen. Heute sind es bis zu 20 pro Tag, die ausliefern.

Allerdings war die Miete des Lokals günstig: 1700 Franken im Monat. Doch ich hatte schlaflose Nächte, weil es die ersten Fixkosten darstellte. Es war nur eine kleine Haushaltsküche. Aber wir hatten mehr Raum zum Lagern und Packen als bei mir in der Wohnung und dazu noch ein kleines Büro.

Mittlerweile hatte ich so viel Arbeit, dass ich es alleine nicht mehr schaffte. Mein Alltag war ausgefüllt und ich liebte es so sehr. Morgens war ich mit dem Roller unterwegs und lieferte in der ganzen Stadt Zürich meine verpackten und gekühlten Menüs aus. Auf der Rückfahrt kaufte ich ein, was ich für den nächsten Tag brauchte. Zurück im Geschäft, kochte ich für den nächsten Tag und vakuumierte die Portionen. Und stets war ich am Suchen und Testen, was man verbessern könnte, an der Verpackung, an der Portionengrösse, am Angebot. Die Grundidee ist bis heute gleich geblieben. Sie hat sich bewährt und ist kundenfreundlich.

Schon in dieser Anfangszeit wurden Medien auf mich aufmerksam. Eine Zürcher Tageszeitung wollte einen Artikel schreiben und eine Reporterin kam zum Interview. Auch ein Foto durfte nicht fehlen. Das Bild sollte mich zeigen, wie ich in der Kochbluse die Teller anrichtete und verpackte. Das Menü war gerade etwas unglücklich in der Farbe: alles weiss in weiss. Die Fotografin wünschte, dass ich die Teller dekorierte mit etwas Farbigem: Tomatenschnitze, Petersilie, das Übliche damals. Doch ich staunte nicht schlecht, als ich dann das Bild in der Zeitung sah: Der Druck der ganzen Zeitung war schwarz-weiss! Noch heute lachen wir in der Firma darüber.

Erste Mitarbeiter

Ich entschied, eine Teilzeitangestellte zu suchen zum Ausliefern der Mahlzeiten. Ich schaltete ein Inserat, auf das sich zahlreiche Bewerberinnen meldeten. Es war meine erste Erfahrung mit Personalgesprächen. Mit 30 Kandidatinnen führte ich Bewerbungsgespräche – und für keine konnte ich mich entscheiden! Mir war klar, dass das nicht sein konnte: 30 Bewerberinnen und keine passt? Lag das an mir? Zugegeben, mir fiel der Gedanke schwer, Aufgaben aus der Hand zu geben. Ich hatte Angst, jemand könnte Schaden anrichten. Der Mahlzeitendienst war mein «Baby» geworden und ich musste lernen, es jemandem anzuvertrauen.

Schliesslich überlegte ich, ob ich vielleicht im Bekanntenkreis jemanden hätte, der Arbeit suchte. Jemand meinte: «Frage doch Eliane.» Eliane kannte ich von meiner früheren Gemeinde. Ich hatte sie schon einige Jahre nicht mehr gesehen und hatte keine Ahnung, was sie machte. Sie war Witwe mit zwei kleinen Kindern. Ich konnte sie doch nicht einfach anrufen und fragen: «Hallo, Eliane, suchst du Arbeit?» So schob ich die Idee beiseite. Drei Tage später war ich zum Einkauf im gegenüberliegenden Stadtteil von Zürich, wo ich sonst nie einkaufte. Ich betrat den Laden – und wer stand zwischen den Gemüseregalen? Eliane! Ich sagte zu Gott: «Okay, Herr, ich hab's begriffen!» Ich ging zu ihr und begrüsste sie: «Hallo, Eliane, wie geht es dir? Suchst du Arbeit?» Sie schaute mich mit grossen Augen an. «Ja, ich suche Arbeit!» Auch sie betete seit einiger Zeit um eine Arbeitsstelle, die neben ihrer Kinderbetreuung möglich wäre. Wir tauschten uns kurz aus und trafen uns ein paar Tage später zu einem Gespräch in meinem Geschäft. Eine Woche später hatte sie ihren ersten

Arbeitstag bei «Gourmet Domizil»! Sie arbeitet heute noch bei mir und ist ein grosser Segen.

Herr, den nächsten Auftrag bitte!

Mittlerweile war ich gefordert mit zwei Teilzeitangestellten zum Ausliefern und einem Lokal zum Bezahlen. Die Arbeit machte mir grosse Freude und ich liebte die Herausforderung. Ich blühte auf. Die Firma wuchs kontinuierlich. Gott hatte zu mir nur «Mahlzeitendienst» gesagt. Wie gross, hatte er nicht gesagt. So hielt ich ihm bildlich gesprochen die Firma hin und sagte: «Voilà, da hast du deinen Mahlzeitendienst. Nächsten Auftrag bitte!» Ich glaubte allen Ernstes, dass das alles sei. Ich hatte nicht gelernt, grosse Gedanken zu denken, und schon gar nicht, dass Gott mit mir grosse Gedanken haben könnte!

Aber nun es ging weiter, das war noch lange nicht alles. Ich bin mitgewachsen mit der Personalbetreuung, mit der steigenden Anzahl der Kunden, mit all den anderen Herausforderungen: Lieferanten, Versicherungsfragen, Sozialversicherungen, Reinigung, Werbung, Reklamationen, Lebensmittelgesetze, rechtliche Fragen, Buchhaltung, technische Fragen bei anzuschaffenden Küchengeräten. Dann Fragen zur Auslieferung: mit Roller oder Auto bzw. welches Auto? Dann: Flyergestaltung, Zusammenarbeit mit Spitex (spitalexterne Pflege), Speiseplangestaltung, Diätangebote, Kundenpflege. Später dann mit dem Restaurant: Öffnungszeiten, Konzerte, Dekoration … War das nicht die Antwort auf mein sehnliches Gebet, dass alle meine Gaben in einer Tätigkeit vereint sein sollten? Was eine Wirtin in ihrer Arbeit so alles macht und können muss, ist eine Zusammenfassung von mindestens 15 Berufen. Wow, Herr, ich bin reich beschenkt und merke es nicht mal!

Und merke dir: Bete nie unüberlegt. Gott erhört Gebete. Er nimmt uns beim Wort. Da war ein Hilferuf. Und nun habe ich sehr viel Arbeit. Meine Freundin und ihr Mann haben um einen erweiterten Wirkungsraum gebetet. Nun arbeitet ihr Mann für eine christliche Organisation in der Mongolei. Das ist Gott. Er denkt nicht klein. Und er hat gute Gedanken über dir und mir und ist grosszügig. Dabei lernte ich auch, dass Gott unsere Treue nicht belohnt mit langen Ferien unter Palmen. Gott sagt: «Du warst treu im Kleinen, jetzt bekommst du noch mehr Verantwortung!»

Nun kam ich an den Anschlag mit Kochen. Ich brauchte einen Koch, ich schaffte nicht mehr alle Arbeiten alleine. Auch das war wieder ein Prozess für mich, loszulassen und zu vertrauen, dass das jemand anders auch gut machen würde. So schaltete ich wieder ein Inserat und die Bewerber kamen im Dutzend. Doch diesmal zeigte sich ein anderes Problem: Zwei von drei Bewerbern waren Alkoholiker! Die einen kommunizierten es gleich selber, bei den andern war es offensichtlich, wenn man ihnen gegenübersass. Schon immer war es mein Wunsch gewesen, Menschen mit Problemen eine Chance zu geben. Aber in meiner Situation, so ganz am Anfang der Geschäftstätigkeit und in einem so kleinen Team, ging das noch nicht. Ich brauchte jemanden, der selbstständig und verantwortungsvoll arbeitete und den ich nicht permanent überwachen und kontrollieren müsste. Wieder sagte ich allen Bewerbern ab. Diesmal war ich sicher, dass es richtig war. Es war eine Geduldsprobe und die Zeiten im Gebet waren meine Kraftquelle. Überhaupt waren es die Gespräche mit Gott, die mir Kraft und Mut gaben, alle diese Entscheide zu fällen, die völlig neu waren für mich.

Dann kam ein Anruf von einem Koch, der momentan an einer befristeten Stelle aushalf. Er zeigte Interesse und schickte mir seine Unterlagen. Nach den üblichen Bewerbungsschritten stellte ich ihn ein und er arbeitete über 22 Jahre für «Gourmet Domizil». Für mich war es eine neue Herausforderung, die Verantwortung für den Lohn eines Familienvaters mit drei Kindern zu übernehmen. Das bereitete mir anfangs schlaflose Nächte.

Solche Situationen zeigten mir meine Abhängigkeit von Gott. Ich hatte ja noch keine Ahnung, ob die Firma rentieren würde. Aber immer hielt ich mich an die Tatsache, dass mein Mahlzeitendienst Gottes Idee und Auftrag war, und das liess mich nie ans Aufhören denken, auch in späteren Jahren nicht. Ich glaubte von Herzen: Was Gott bestellt, dafür sorgt er auch.

Allerdings verglich ich mich immer wieder mit anderen Geschäftsleuten, die unglaublich teure Ausbildungen gemacht hatten und eindrückliche Zertifikate und Titel vorweisen konnten. Das hatte ich alles nicht. Und ehrlich gesagt: Ich wollte es auch nicht. Ich war und bin ein Praktiker. Ich bin auch heute noch überzeugt, dass es Dinge gibt, die man nicht lernen kann, sondern im Blut haben muss. Später hatte ich einmal einen jungen Koch, der dann weiterzog an die Hotelfachschule. Er kochte wirklich gut und war kreativ. Er hatte Grosses vor und wollte Karriere machen. Aber er war sich zu fein, auch einmal eine Runde beim Abwaschen zu helfen, wenn Not am Mann war. Beim Austrittsgespräch gab ich ihm mit auf den Weg, sich nicht nur auf Hochschulen weiterzubilden, sondern auch im Charakter. Er schaute mich erstaunt an … Ich arbeitete überall dort, wo es mich brauchte. Auch heute noch helfe ich gelegentlich an der Geschirrabwaschmaschine aus und erledige die Betriebswäsche. Das motiviert die Mitarbeiter und mir macht es Spass. Zudem fördert es das Gespräch mit dem Team.

Noch war es kaum planbar, wie viele Menüs wir täglich verkaufen würden. Wenn die Zahl zwischen 20 und 30 schwankt, ist das komplizierter, als wenn wir zwischen 500 und 600 Menüs täglich verkaufen. Oft musste ich mit dem Roller spontan ausliefern. Was die Lebensmittelbesorgung betraf, waren wir noch zu klein, als dass sich Lieferanten für uns interessiert hätten. So musste ich täglich im Lebensmittelladen einkaufen, was sehr mühsam war. Dort wiederum hatte man keine Freude an mir, weil ich die Regale leer kaufte … Heute reissen sich die Lieferanten um uns.

Und plötzlich hatte ich ein Restaurant!

Nach zwei Jahren war es auch in dieser Küche zu eng und ich suchte eine neue Lösung. In der Nachbarschaft meiner Wohnsiedlung gab es das Restaurant «Lerchenberg». Dessen Wirt machte nach nur anderthalb Jahren Konkurs. Er war sich selber der beste Gast gewesen, wie man so treffend sagt, wenn ein Wirt zu oft und zu tief ins Weinglas schaut. Ich war in der Siedlungskommission der Wohnüberbauung aktiv und hatte daher gewisse Informationen etwas früher als die Mieter, so auch die über den anstehenden Wirtewechsel. Ich interessierte mich für eine Pacht und durfte das Restaurant und vor allem die Küche und die Produktionsräume besichtigen. Ich erinnere mich, wie ich in der leeren Küche stand und dachte: «Das ist ja riesig!»

Die Verhandlungen über einen Pachtvertrag begannen. Ich merkte, dass die Verwaltung mir nicht wirklich traute und zuerst andere Bewerber prüfte. Es war ja auch eine Riesenkiste zum Stemmen. Ich galt wohl eher als Notlösung. Ich weiss gar nicht, warum ich so hartnäckig blieb. Doch diesmal wusste ich, was ich wollte. Ich war mutig geworden. Und ich brauchte inzwischen dringend eine grössere Produktionsküche. Die Küche und vor allem die Kühlmöglichkeiten an der Rosengartenstrasse waren nun wirklich zu klein geworden.

Die Pacht im «Lerchenberg» war allerdings sehr hoch. Mir wurde zwar eine niedrigere Anfangspacht gewährt, aber der fehlende Betrag war innert drei Jahren abzuzahlen. Ich glaubte, wir würden den Restaurantbetrieb aufrechterhalten können. Das erwies sich dann aber als nicht möglich. Wir hatten keinerlei Laufkundschaft; ausserdem war das Restaurant schon seit einem Jahr geschlossen, als wir einzogen. Es war der bisher mutigste Schritt meines Lebens! Bei Geschäftsmieten sind Zehn-Jahres-Verträge üblich. Damals kamen mir zehn Jahre vor wie eine Ewigkeit. Es hat wohl mit dem Alter zu tun, dass sich diese Sicht verändert …

Übrigens hatte ich ein Jahr zuvor im «Lerchenberg» unser erstes Weihnachtessen für die Mitarbeiter gemacht. Wir waren zu fünft als Gäste dort und ich hatte keine Ahnung, dass ich schon bald auf der anderen Seite der Theke stehen würde – als Wirtin! Auf der Suche nach einer grösseren Küche war klar, dass es keine Grossküche gibt ohne Restaurant dazu, ausser man baut sie selber. Aber das dazu nötige Geld besass ich nicht. So kam es, dass ich plötzlich ein Restaurant hatte, obwohl das niemals mein Wunsch gewesen war. Das hatte allerdings damit zu tun, dass ich mein Leben nicht in einer Gaststätte verbringen wollte. Ich war und bin leidenschaftlich gerne Gastgeberin. Aber im Normalfall ist man als Wirtin jeden Abend, jedes Wochenende, an Ostern, Weihnachten, Pfingsten, einfach immer im Restaurant und am Arbeiten. Und das war nicht mein Ziel. Hier war jedoch das «Gourmet Domizil» mein Hauptstandbein. Ich konnte es mir leisten, das Restaurant als Nebenbetrieb über Mittag zu führen.

Da ich im Quartier wohnte und das Restaurant seit Jahren seine negative Geschichte hatte, wurde viel über mich geredet. Ich wurde auf der Strasse angesprochen, wann ich denn Konkurs machen würde. Sie hätten davon gehört. Eine Nachbarin studierte meine Speisekarte in der Vitrine vor dem Lokal und sprach mich dann an: Sie habe gehört, wir würden keinen Wein anbieten. Schlagfertig fragte ich sie, ob sie das denn glaube. Erschrocken verneinte sie. Keinen Alkohol auszuschenken war nie ein Thema für mich und mir war schleierhaft, wie so eine Meinung in der Öffentlichkeit entstehen konnte.

Anfangs machte mir dieses Gerede grosse Mühe, denn mit solchem Negativgeschwätz bekannt zu sein war nicht schön. Es zeigt, dass man als Wirtin in der Öffentlichkeit steht, egal was man macht oder nicht macht. Aber auch das lernte ich im Gebet zu tragen und letztlich machte es mich stark. Mit der Zeit wurden wir als Bankettrestaurant bekannt. Bei Banketten weiss man, was einen erwartet. Man kann sich genau vorbereiten und weiss, wie viel Personal eingesetzt werden muss. Das lässt sich im herkömmlichen À-la-carte-Restaurant immer nur ungefähr einschätzen und ist je nach Betrieb auch wetterabhängig.

An den Wochenenden und abends hatten wir immer wieder Geschäftsessen und Familienfeste. Das machte mir Freude. Es gab Familien, die immer wieder zu uns kamen. Mal feierten sie den runden Geburtstag des Grossvaters, mal eine silberne Hochzeit, eine Taufe, eine Konfirmation oder wieder einen Geburtstag. Als Wirtin gehörte ich dann schon fast zur Familie. Die Feiergesellschaft hatte das Restaurant für sich alleine. Sie konnten ungestört Musik machen und tanzen, ihre familieninternen Spiele machen und Beiträge aufführen. Oft spielten in einer Ecke die kleinen Kinder oder sie schliefen im Kinderwagen. Dieses Ambiente wurde immer sehr geschätzt. Zum Restaurant gehörte eine schöne, sonnige Terrasse und genügend Parkplätze hatten wir auch neben dem Lokal.

Ich war dankbar, in der Nachbarschaft zu wohnen. Die Anlässe dauerten meistens bis tief in die Nacht. Wenn ich dann nach dem Aufräumen und Abrechnen gehen wollte, war mir manchmal nicht ganz wohl. Einmal löschte ich um Mitternacht das Licht, um zu gehen. Als ich zur Tür hinaustreten wollte, hielten zwei Autos mit quietschenden Reifen vor meinem Bürofenster. Mehrere jüngere Personen stiegen aus und stritten sich heftig. Ich duckte mich in meinem Büro und schaute aus dem Dunkeln vorsichtig um die Ecke. Nach einer gefühlten Ewigkeit verliessen sie meinen Parkplatz und ich eilte nach Hause.

Die Wirtin als Gemeindeleiterin

Ein Prediger meinte einmal, ich sei wie eine Gemeindeleiterin, weil ich mit so vielen Menschen zu tun hätte und so viele Gespräche führte mit Menschen in Not. Nur hätte ich keine Abdankungen. Ich antwortete ihm: «Du hast ja keine Ahnung! Ich mache Leidmahle, Hochzeiten, silberne und goldene Hochzeiten,

Konfirmationen, Firmungen, Kommunionen, Taufen, ausserdem Seelsorge am Stammtisch. Meine Arbeit ist vermutlich gerade so intensiv wie die eines Pfarrers. Und all diejenigen, die nie in eine Kirche gehen, die hören bei ‹Gourmet Domizil› von Gott!»

Die Herausforderungen waren verschiedenster Art und ich suchte sie auch. Als ich entdeckte, dass die Agentur C in Lyss Zuckerportionenbeutel mit Bibelversen bedruckt, bestellte ich eine Schachtel, um sie zum Kaffee und zum Tee zu servieren. Ich wollte herausfinden, wie die Gäste darauf reagieren würden. Es kamen nicht viele Reaktionen. Einige spotteten, andere outeten sich als gläubig, die meisten reagierten gar nicht darauf. Aber es gab auch immer wieder positive Reaktionen. Da waren Senioren, die voller Freude ihren Konfirmandenspruch auf dem Beutel fanden. Aber sie wussten nicht, dass das Gottes Wort ist und was es wirklich bedeutet. So entstanden durch diese Zuckerbeutel interessante Gespräche.

Seit vielen Jahren hatte ich eine Gruppe von älteren Geschäftsherren, die regelmässig Anlässe bei mir im «Lerchenberg» durchführten. Sie waren meine lukrativsten Gäste. Als ich ihnen zum ersten Mal die neuen Zuckerbeutel servierte, kam ihr Chef zu mir hinter die Theke und reklamierte lautstark. Das gehe nicht, es könne jeder glauben, was er wolle. Ich war ein wenig schockiert und sagte nicht viel. An diesem Abend habe ich überlegt, ob ich die Beutel weiterhin servieren sollte. Ich fürchtete tatsächlich, diese guten Gäste zu verlieren. Im Gebet wurde mir klar: «Wenn ich einmal vor Gott stehe, werde ich ihm in dem Fall sagen müssen, dass ich diese Geschäftsleute mehr gefürchtet habe als ihn, anstatt seiner Versorgung zu vertrauen.» Da wusste ich: «Ich bleibe bei den Zuckerbeuteln und vertraue auf Gott. Ich kann und will nicht zurück!»

Es wurde eine Glaubensprobe für mich. Beim nächsten Besuch der Gruppe kam dieselbe Reaktion, nur noch heftiger: Er habe nicht erwartet, dass ich diese Zuckerbeutel immer noch hätte, rügte mich der Chef. Da gab mir Gottes Geist die Antwort ein. Die Situation und sein Verhalten waren so lächerlich, dass ich zu ihm sagte: «Du, das ist ganz normaler Zucker!» Da musste er selber lachen und die Sache war erledigt. Mich durchströmte ein grosser Friede. Es gibt Zuckerbeutel mit chinesischen Weisheiten, mit Horoskopen oder was auch immer bedruckt. Normalerweise nimmt der Gast den Zucker und zerknüllt das Papier. Aber bei Bibelversen regt sich der Mensch auf, weil Gottes Wort lebendig ist! Weil es etwas bewirkt, selbst wenn es auf einem Zuckerbeutel geschrieben ist. Dies konkret zu erleben hat mich so glücklich gemacht, dass es mich immer noch begeistert. Und – ein Jahr später ist dieser Chef der Gruppe ganz überraschend gestorben und ein weiteres Jahr später der Vizepräsident. Ich weiss nicht, ob der Bibelvers auf dem Zuckerbeutel in seiner letzten Stunde nochmals zu ihm gesprochen hat.

Berufsalltag

Zum Thema Mitarbeiter lernte ich viel dazu im Laufe der Jahre. Da hat mich Gott wirklich liebevoll überlistet. Denn nie im Leben hätte ich mich um einen Führungsposten beworben! Einerseits, weil das gemäss der Haltung meines Vaters ja eine Stellung der «Bösen» war. Und zum andern habe ich das nie gelernt, ich konnte das nicht, wusste nicht, wie man Mitarbeiter führt. In den Augen meiner Eltern war es wie gesagt eine Position der Stolzen und eine Haltung der Überheblichkeit. Und das wollte ich ja nicht sein. Es passte nicht zu unserer Familie. Kurz, das Thema Führung war mit keiner Faser in meinen Gedanken.

Ich glaube, dass sich Gott wirklich etwas einfallen lassen musste, um mich da hineinzumanövrieren. Denn heute habe ich um die 40 Mitarbeiter und liebe diese Aufgabe. Es ist genauso herausfordernd wie die eigentliche Aufgabe der Firma. Aber es ist so vielfältig und schön, dass ich es nicht missen möchte. Es erinnert mich an die Erzählungen meiner Grossmutter, als sie von der

Lehrerin und der Chefin erzählte: Lehrer und Vorgesetzte prägen unser Leben nachhaltig, sei es positiv oder negativ. Denn wir verbringen acht Stunden oder mehr pro Tag miteinander.

Das heisst nicht, dass wir immer nur unsere guten Seiten zeigen müssen. Meine Erfahrung ist, dass mein Leben dann am meisten spricht, wenn es mir nicht gut geht und das Umfeld sieht, wie ich damit umgehe, zum Beispiel während meiner Krebskrankheit oder der Scheidung. Dann wird mein Leben gescannt. Besonders wenn wir uns als Christen zu erkennen geben, wollen die Menschen sehen, wie wir mit Not umgehen. Schon mehrfach haben mir Mitarbeiter gesagt, sie hätten eine interessantere und besser bezahlte Stelle angeboten bekommen. Aber sie hätten abgelehnt, weil sie bei «Gourmet Domizil» Wertschätzung bekommen. Das sei ihnen wertvoller als Geld!

Ich bezahle gute Löhne. Aber Toplöhne sind es nicht, das geht einfach nicht in der Gastronomie. Und ja, Wertschätzung ist mir sehr wichtig. Das ist unsere Firmenkultur. Nicht nur von mir gegenüber den Mitarbeitern, sondern gegenseitig. Wenn man einem Mitarbeiter sagen muss, dass seine Leistung nicht genügt, ist in der Regel die Leistung ungenügend, nicht die Person als solche. Das wertschätzend und offen zu kommunizieren ist wichtig für die persönliche und berufliche Entwicklung dieser Person.

Kürzlich hatte ich ein Krisengespräch mit zwei Mitarbeiterinnen, die nicht klarkamen miteinander. Ich wusste keinen Weg mehr, wie es mit den beiden weitergehen sollte. Da kam mir wie aus dem Nichts eine Idee: Ich gab ihnen die Aufgabe, zehn Punkte aufzuschreiben, für die sie dankbar seien an ihrer Arbeitsstelle. Zwei Wochen später besprachen wir die Punkte: Sie wurden fast nicht mehr fertig mit Aufzählen, so viele positive Punkte hatten sie beisammen. Die eine Frau war so dankbar für die Idee, dass sie diese Liste auch zusammen mit ihrem 17-jährigen Sohn machte und mit ihm über den Sinn der Dankbarkeit sprach. Ich erklärte den beiden Frauen, dass Dankbarkeit ein göttliches Prinzip sei.

Undankbarkeit und Ärger kommen ja von selbst. Aber all das Gute und Schöne, das wir haben, anzuschauen, dazu müssen wir uns immer wieder bewusst entscheiden.

Solche Konfliktgespräche zu führen, musste ich erst lernen. Konflikte auszutragen, das kannte ich von zu Hause nicht. Ich lernte, Konflikte als etwas Positives zu sehen. Sie sind Chancen, um zu wachsen. Anfangs äusserten sich Konflikte so, dass die Frauen weinend und die Männer tobend in meinem Büro standen. Ich lernte, diese Situation auszuhalten. Zuzuhören. Weinen und Toben sind okay, manchmal sogar notwendig. Aber dann bitte nicht dabei stehen bleiben, sondern etwas daraus machen. Krisen als Chancen sehen.

Mit meiner veränderten Haltung wurde es interessant. Und das Team wurde stark. Die Mitarbeiter lernten auch, ihre zwischenmenschlichen Unstimmigkeiten selber zu lösen. Dazu braucht es mich nicht mehr bei jedem Konflikt. Mittlerweile sehen wir es als Bereicherung: Das Team besteht aus etwa einem Dutzend Nationalitäten. Das bedeutet viele verschiedene Kulturen, Sprachen, Gewohnheiten. Wir lachen viel! Und wir haben sehr wenig Fluktuation. Ich selber lernte, Gott darin zu vertrauen.

Am einfachsten geht das bei den Fahrerinnen und Fahrern, weil die den ganzen Vormittag unterwegs sind und ich sie bei ihrer Arbeit nicht kontrollieren kann. Das zwingt mich, die Verantwortung umso mehr meinem Gott abzugeben. Ich erinnere mich an eine Fahrerin, bei der ich nach etwa zwei Jahren ein ungutes Gefühl hatte. Es gab jedoch keinen offensichtlichen Kündigungsgrund. So legte ich die Situation im Gebet vor Gott hin und bat ihn, mir ganz klar zu zeigen, ob etwas nicht gut sei mit ihr. Damals hatte ich noch keine eigenen Firmenautos. Wir nutzten Carsharingautos, was für uns eine gute und günstige Lösung war. Wenige Wochen nach meinem Gebet kam diese Mitarbeiterin von einer Tour zurück und teilte mir mit, dass ihr fabrikneues Auto einen Parkschaden habe; der Kombi sei auf der ganzen Seite verkratzt und der Verursacher geflohen. Ich beruhigte sie: Wir seien versichert gegen den Schaden.

Drei Wochen später rief die Carsharingfirma an: Eine Passantin habe beobachtet, wie meine Mitarbeiterin den Schaden selber verursacht habe und anschliessend einfach davongefahren sei. Das andere geschädigte Auto habe einen Schaden von über 3500 Franken erlitten, den unsere Versicherung bezahlen müsse. Die Mitarbeiterin hatte mich angelogen. Sie stand auch jetzt nicht dazu, als ich sie erneut befragte. Das war für mich eine klare Gebetserhörung und ich entliess sie sofort. Das ist es, was mich gelassen sein lässt: Mein Gott ist überall dabei, auch wo ich es nicht sein kann!

Wir konnten einigen Menschen Hoffnung geben, indem wir sie wieder eingliederten. Arbeitslose, Ausgesteuerte, Verzweifelte, Ü60, die bei uns arbeiten und wieder einen geregelten Tagesablauf haben. Das Arbeiten mit solchen Menschen tut der ganzen Firma gut. Das Team hat mitentschieden, auch hoffnungslose Menschen einzustellen. Denn nicht ich im Büro bin es, die davon in erster Linie betroffen ist, sondern das Team, das unter Umständen etwas mehr Arbeit hat, weil jemand weniger belastbar ist. Und es ist mein Team, das sich dann nach einigen Monaten freut: «Wir haben es geschafft, jemanden zu integrieren!» Eine tolle Teamarbeit! So lernen alle, dass es nicht selbstverständlich ist, wenn man psychisch belastbar ist oder eine traute Familie hat, die zusammenhält. Nicht jeder hat dieselben Startbedingungen ins Leben!

Für mich ist die Betriebskultur sehr wichtig. Ich war auf der Suche nach einem Betriebsleiter. Es meldete sich ein erfahrener Kandidat. Im Bewerbungsgespräch nannte er die Hilfsarbeiter «Idioten». Ich schaute ihn entsetzt an. Er meinte es jedoch tatsächlich so; er habe keine Zeit, den Leuten zuzuhören. Der Fall war für mich klar: lieber die Stelle unbesetzt lassen und anders überbrücken. Ein Mann mit dieser Haltung ruiniert mir den gesamten Betrieb und zerstört das Vertrauen der Crew!

Genauso wichtig ist es, wie ich Stellenbewerbern eine Absage kommuniziere. Auch darin haben wir Arbeitgeber Verantwortung. Eine Absage zu bekommen ist nicht einfach, gerade für eine Person, die schon länger auf Stellensuche ist. Manchmal weise ich bei der Absage auch darauf hin, wenn etwas Wesentliches im Bewerbungsschreiben fehlt oder das Auftreten nicht sehr überzeugend ist. Wenn die Person will, nimmt sie den Rat an und lernt daraus.

Konzerte

Unsere Konzerte im «Lerchenberg» wurden zu beliebten Anlässen, die Gäste kamen aus der ganzen Deutschschweiz. Selbst aus Mailand reisten Musikfans an! Seit meinen Teenagerjahren spiele ich selber Bluegrass-Musik – das ist amerikanische Folkmusik – und war Mitglied im SBMA-Verein (Swiss Bluegrass Music Association). Während meiner Lehrzeit begann ich, Dobro zu spielen (eine amerikanische Slide-Gitarre). Mein Vater half mir, das Instrument zu finanzieren. (Das überraschte mich sehr, denn auch da hatte ich mich nicht getraut, ihn zu fragen. Das war sein Moment, mich auf seine Weise zu «umarmen».) Mit meinem Lehrlingslohn hätte ich mir das neue Instrument nicht leisten können. Gitarre zu spielen, lernte ich mit zehn Jahren. Aber Gitarristen gab es bereits genug in der Bluegrass-Szene. Mein Trauminstrument war allerdings schon immer Bass oder Geige. Aber einen Bassisten hatten wir schon in der Band. Und Geige traute ich mir nicht zu. Eben: «Das kannst du nicht, das ist viel zu schwierig, geht nicht ...»

Durch verschiedene Agenten im In- und Ausland konnte ich interessante Bands und Musiker verpflichten aus den Sparten Bluegrass, Gipsy, Klezmer, diverse Folkmusik. Die Stimmung bei den Konzerten war exzellent. Unser Raum war nicht allzu gross. Wir konnten ca. 90 Reservationen annehmen. Bei Spitzenbands gab es zusätzlich Stehplätze. So erlebten die Gäste die Musiker sehr nah und persönlich. Wir hatten amerikanische Künstler, die eine Woche später in Nashville einen Award für Gesang erhielten! Gerne durchblättere ich heute noch das Gästebuch. Zuerst war es einfach ein Versuch, Gäste ins Restaurant zu bringen und Umsatz zu machen. Aber es blieb nicht bei einem Versuch. Schliesslich waren es 51 Konzerte mit namhaften Künstlern über all die Jahre.

Wir erlebten allerhand mit den Musikern. Einmal erwarteten wir eine Band aus Norddeutschland, die am Tag des Konzertes mit dem Auto anreiste. Sie waren verspätet und ich konnte sie telefonisch nicht erreichen. Der Termin für den Soundcheck war vorbei. Es war bereits Türöffnung für die Gäste, und die ersten Menüs wurden serviert. Doch die Musiker waren nicht da und ich hatte keine Nachricht von ihnen. Da wurde auch ich langsam nervös und begann, mir ein Notfallszenario auszudenken. Endlich trafen sie ein – kurz vor Konzertbeginn. Auf der Autobahn war ihnen das Benzin ausgegangen und sie hatten zu Fuss mit einem Kanister bis zur nächsten Tankstelle laufen müssen!

Wir hatten ein Konzert mit Zigeunerjazz. Eine Freundin war die Agentin und ich wusste, dass ich ihr vertrauen konnte. Die Band war da, aber alles war hoch kompliziert. Es ging nicht vorwärts, nichts war bereit. Zwei der drei Musiker waren ein Paar und hatten ihren dreimonatigen Säugling dabei, den meine Freundin während des Konzerts hütete. Der Schoppenwärmer war auf der Bühne zwischen den Mikrofonkabeln eingesteckt. Die Musiker hatten genial schöne und authentische Kleider an. Als das Konzert losging und sie die Instrumente ansetzten, war die Stimmung vom ersten Ton an sensationell! Da war alles andere vergessen. Sie waren echt für die Musik gemacht!

Patchwork-Ausstellungen

Ein grosses Hobby von mir ist das Nähen von Patchwork-Bildern. Ich fing 1990 damit an, weil ich eine Bettdecke nähen wollte.

Das war mein Erstlingswerk. Es ist faszinierend, mit Farben und gemusterten Stoffen zu spielen. Dasselbe Motiv mit verschiedenen Farben wirkt total anders. Über die Jahre habe ich viele Bilder genäht in allen Grössen. So nähte ich für die Weihnachtszeit einen grossen Stern als Wandbehang fürs Restaurant. Es war eine tolle Gelegenheit, dafür nähen zu können und die Bilder an die Öffentlichkeit zu bringen. Wobei es so einfach auch nicht war: Es kostete mich Überwindung, die ersten Bilder aufzuhängen. Ich hatte Angst vor den Reaktionen, ist es doch etwas sehr Persönliches. Ich wusste nicht, ob ich Kritik aushalten könnte, denn sie hätte ja auch mich persönlich getroffen. So dauerte es eine gewisse Zeit, bis ich ein erstes Bild aufhängte. Und die Reaktionen waren durchweg positiv.

Die Geschichte des Patchworks geht zurück auf die Amish-People in den USA. Ursprünglich flickten sie Decken, die in der Mitte durch Abnutzung ein Loch hatten oder dünn geworden waren. Sie zerschnitten sie und nähten sie umgekehrt wieder zusammen, sodass die schwächeren Stellen nun aussen waren. Mit der Zeit verbanden sie das Nützliche mit dem Schönen. Sie nähten die so entstandenen Stoffteile nicht irgendwie zusammen, sondern es entstanden Muster. Die Amish sind sehr religiöse Menschen. Um zu zeigen, dass nur Gott perfekt ist, integrierten sie in jedes Werk einen «Fehler». Fehler meint hier nicht etwas Falsches, sondern eine Unregelmässigkeit, die aber schlussendlich die Aussage des Bildes erst ausmacht.

Ich habe ein Bild nachgemacht, das in der Mitte einen stilisierten Biber zeigt. Rundherum sind Bäume dargestellt; ein Baum ist gekippt. Das ist einerseits die Unregelmässigkeit, andererseits weist es darauf hin, dass Biber Bäume annagen. Über die Jahre habe ich ausnahmslos Sujets aus Magazinen und Büchern nachgenäht. Es kam mir nicht in den Sinn, selber etwas zu kreieren. Nach der Trennung von meinem Mann änderte sich das: Ich machte keine Kopien mehr, sondern setzte nun eigene Ideen um. Das wurde mir aber erst nach etwa zwei Jahren richtig bewusst – ich war ich selber geworden. Kreativität ist ein wichtiger Teil, um innerlich stark zu werden. Es stärkt unseren Geist. Dabei heisst kreativ sein nicht, museumsreife Gemälde zu schaffen oder Beethovens Werke zu spielen. Es heisst, auf sein Inneres zu hören und den Mut zu haben, die eigenen Ideen umzusetzen. Gott selber ist kreativ und er hat uns zu seinem Ebenbild geschaffen. Jeder von uns ist in irgendeiner Weise schöpferisch und kreativ.

In mir entstand der Wunsch, eine Patchwork-Ausstellung zu machen. Da die Bilder alle eine Aussage hatten, wollte ich die Gäste zu einer Ruhezeit animieren. Im Advent 2013 war die erste Ausstellung im «Lerchenberg». Es sollte eine Oase sein inmitten der hektischen Adventszeit. Eine Zeit zum Innehalten und Nachdenken. Auftanken und Lächeln. Austauschen und Zuhören. Unter anderem hatte ich zehn Holzrahmen mit Glas gekauft. Die Rahmen hatte ich geöffnet, mit Stoffbildern gefüllt und die hölzerne Rückwand wieder zugenagelt. Beim letzten Bild ist das Glas beim Zunageln in einer Ecke gesprungen. Zuerst dachte ich: «Na ja, ‹schwedisches Möbelhaus›, 9,95 Franken. Ich werfe es weg und kaufe einen neuen Rahmen.» Aber unmittelbar danach kam mir der Gedanke: «Gott schafft aus Scherben neue Kunstwerke. Dann sollte ich es auch tun – als ein Bild für seine Liebe.» So änderte ich das Sujet und integrierte das zerbrochene Glas in das Gesamtbild.

Bei der Ausstellung hingen die zehn Bilder nebeneinander. Allen war eine Erläuterung beigefügt zu ihrer Entstehung oder was es sonst noch Erwähnenswertes zu sagen gab. Das Bild mit dem zerbrochenen Glas verkaufte sich als Erstes. (Ich sagte zu den Mitarbeitern, jetzt müsste ich eigentlich den Hammer nehmen und ein anderes Bild kaputt schlagen …) Die Käuferin war sehr berührt von dessen Geschichte. Ein Jahr später war sie wieder Gast bei uns und berichtete, sie erzähle jedem Besucher zu Hause, dass Gott aus Scherben etwas Wunderbares tun wolle. Wow!

Zwei Jahre später hatte ich den Gedanken, eine Patchwork-Ausstellung in der Passionszeit zu machen. Ich nähte Bilder mit Geschichten aus der Bibel oder stickte Bibelverse darauf. Gott hat versprochen, dass sein Wort nicht leer zurückkommt. Auch das gestickte Wort nicht! Die Gäste standen lange vor den Bildern und liessen das Geschaute auf sich wirken. Das hat mich berührt. Überhaupt haben mich die beiden Ausstellungen tief bewegt und gestärkt. Ich hatte es gewagt, etwas von meinem Innersten preiszugeben. Und ich durfte Menschen damit segnen. Indirekt lernte ich: Das, was von mir kommt, ist nicht falsch. Oder doof.

Damals kam in meiner Zeit, die ich mit Gott verbrachte, auch der Gedanke auf: «Ist das, was ich über mich selber denke, vielleicht gar nicht wahr? Kann es sein, dass Gott anders über mich denkt, als ich es von Menschen so oft ausgesprochen bekommen habe?» Ich wusste ja, dass die Wahrheit in der Bibel steht und dass das etwas anderes ist als das seit Jahrzehnten von Menschen Gehörte. Aber die Wahrheit hatte ich so selten ausgesprochen gehört! Es ist schon so: Einmal etwas Negatives gehört und es sitzt. Das Positive muss man hingegen sehr viel öfter hören, bis es im Herzen und in unserem Geist gespeichert ist.

Gott hat mich mit vielen Gaben beschenkt. Doch lange dachte ich, dass die meisten dieser Gaben niemandem etwas nützten. Das Nähen von Patchwork-Bildern zum Beispiel – wem nützt schon ein genähtes Bild? Aber gerade durch die Ausstellungen und das Feedback der Gäste erlebte ich: Diese Gabe ehrt meinen Gott. Das Ergebnis muss nicht zwingend messbar sein in grossartigen Berichten. Punkt eins ist immer, Gott zu ehren. So lerne ich, ich selber zu sein mit meinen Gaben. Alles andere ist Gottes Sache.

5. Ein Herz für alte Menschen

Der Mahlzeitendienst wuchs stetig. Ich stellte zusätzliche Fahrerinnen und Fahrer ein, um die Liefermenge zu bewältigen. Nach ein paar Jahren hatten wir genug Arbeit für einen zweiten Koch. Bis dahin hatte ich selber überbrückt, wenn der Koch in den Ferien war. Intern brauchte ich immer mehr Personal zum Verpacken der Mahlzeiten. Die Menükomponenten werden bis heute einzeln von Hand abgewogen und portioniert, dann zu ganzen Menüs etikettiert und zu Kundenpaketen zusammengestellt. Auch das Reinigungspersonal wurde immer mehr. Dann kam der Moment, wo ich auch im Büro eine Vollzeitmitarbeiterin einstellte. Sie und ich teilten uns zusätzlich die Arbeit im Mittagservice im Restaurant.

Der Erfolg von «Gourmet Domizil» ist das Produkt, das wir verkaufen: feine Menüs, seniorengerecht gekocht und verpackt. Es ist wichtig, die Speisen recht weich zu kochen, nicht nur das Fleisch, sondern auch das Gemüse und die Beilagen. Dennoch darf es nicht verkocht sein. Aber auch die empathischen Begegnungen mit den Kunden sind mindestens ebenso wichtig und gehören genauso zu unserem Erfolg. Alte Menschen leiden darunter, dass sie am Rande der Gesellschaft stehen. Sie bekommen zu spüren, dass sie langsam sind, viel kosten, man sie nicht mehr braucht, ja sie als störend empfindet. Das höre ich so immer wieder von unseren Senioren. Wenn ich nach einer telefonischen Bestellung einem Kunden zuhöre, wie er aus seinem Leben erzählt, sagt er oft nach dem dritten Satz: «Oh, entschuldigen Sie, dass ich Sie aufhalte!» Auch unsere Fahrerinnen und Fahrer dürfen sich Zeit nehmen, wenn ein Kunde ein paar Worte wechseln will bei der Lieferung. Das wird sehr geschätzt, sind wir doch häufig der einzige soziale Kontakt an einem Tag oder sogar in einer Woche.

Wenn bei der Lieferung niemand zu Hause ist, legen wie das Paket in den Milchkasten. Es kann vorkommen, dass bei der nächsten Lieferung, meist zwei Tage später, dieses Päckli immer noch im Milchkasten liegt. Dann ist es unsere Aufgabe im Büro, abzuklären, was los ist. Im besten Fall wurde vergessen, die Menüs herauszunehmen. Oder bei Abwesenheit des Kunden wurde versäumt, die Lieferung zu stornieren. Aber hin und wieder kommt es vor, dass der Kunde oder die Kundin verletzt oder gar tot in der Wohnung liegt. Infolge unserer Benachrichtigung wird dies dann von Verwandten oder den Behörden entdeckt.

Wir sind sehr nahe bei den Kunden und nehmen viele Aufgaben wahr, mit denen kein Geld verdient wird. Aber ich glaube, dass Jesus es auch so machen würde. Es spricht sich herum, dass wir ein grosses und geduldiges Herz haben für alte Menschen. Wenn ich das Wort «alt» gebrauche, meine ich das nicht despektierlich, sondern mit grossem Respekt. Viele meiner Kunden sind fast doppelt so alt wie ich. Das muss man erst einmal erreichen.

Auch mit den Angehörigen haben wir am Telefon viele Gespräche. Oft sind die betreuenden Angehörigen überfordert oder ratlos. Sie möchten das Beste für ihre betagten Eltern, aber häufig wollen diese keine Hilfe annehmen, weil sie das als Schande empfinden oder Angst vor den Kosten haben. Manchmal wird eine Mahlzeitenlieferung probehalber bestellt. Dann merken die Kunden, dass die Menüs eigentlich ganz fein sind und es auch bequem ist, wenn man nicht selber einkaufen und kochen muss. Ich verwende das Wort «Hilfe» oder «Entlastung» nicht, sondern sage den betagten Menschen, sie dürften sich verwöhnen lassen nach einem arbeitsreichen Leben. Das tönt doch ganz anders. Und stimmt doch!

Ich erinnere mich an eine Frau, die wöchentlich per Telefon für ihren 99-jährigen Vater bestellte. Wir empfanden es als sehr anstrengend, mit ihr zu reden, denn sie schien überfordert und jedes dritte Wort war ein kräftiger Fluch. (Man bedenke, dass angesichts des hohen Alters dieses Mannes die Tochter wohl mindestens 70 Jahre alt war und eventuell selber bereits Unterstützung brauchte ...) Für drei Menüs brauchten wir mindestens eine Viertelstunde, weil sie sich nicht entscheiden konnte. Als ihr Fluchen immer extremer wurde, gab ich ihr schliesslich zu verstehen, dass ich das nicht mehr akzeptiere wolle und sie sich benehmen müsse. Und es wirkte! Von da an war sie viel sanfter und es wurde einfacher, die Bestellungen aufzunehmen. Eines Tages rief sie an, um uns mitzuteilen, dass ihr Vater verstorben sei. Und sie wolle sich bei uns bedanken für unsere Freundlichkeit und alles, was wir für sie getan hätten; es habe ihr sehr geholfen. Wow!

Ich habe gelernt, dass man durchaus einmal jemanden auf sein Fluchen aufmerksam machen darf. Schon oft musste ich erleben, dass Menschen wohl noch nie gesagt worden ist, dass es nicht toll ist, wenn man in jedem Satz flucht. Da war ein Redaktor einer Zeitung, der mir am Telefon ein Inserat verkaufen wollte. Jeden Satz beendete er mit einem Kraftwort. Ich ging nicht auf sein Angebot ein, sondern sagte ihm: «Was haben Sie denn für eine Sprache!» Er antwortete in sauberem Ostschweizer Dialekt, er sei halt Thurgauer. Ich antwortete: «Ihr Dialekt ist voll okay. Aber warum müssen Sie ständig fluchen und Kraftworte gebrauchen? Mir verkaufen Sie damit nichts! Sie sind nicht überzeugend.» Da war es erst einmal still in der Leitung. Ich merkte, dass er meine Ehrlichkeit schätzte. Er schien sogar entlastet, nicht mehr fluchen zu «müssen», um seinen Worten mehr Gewicht zu geben.

Solche Gespräche tausche ich mit meinen Büromitarbeiterinnen aus, damit wir voneinander lernen, wie wir mit verbalen Herausforderungen umgehen können. Anfangs fürchtete ich mich vor jedem Gespräch. Aber ich lernte, auch dieser Angst in die Augen zu schauen und meine Lehren daraus zu ziehen.

Heute liebe ich es, schwierige Gespräche zu führen und sie in Chancen zu verwandeln.

Das passiert ja nicht nur an der Arbeit. Auch im privaten Alltag begegnet man Herausforderungen. Ich erinnere mich an eine Begebenheit im Supermarkt. Ich wartete mit meinen Sachen an der Kasse. Als der ältere Mann vor mir seine Artikel einpackte, bemerkte ich, wie die Kassierin sich mit einer Grimasse den Arm vor die Nase hielt und sich abwandte. Zuerst begriff ich nicht, worum es ging. Als ich dann vor ihr stand, beklagte sie sich: «Dieser Mann kommt jeden Tag zum Einkaufen und stinkt entsetzlich!» Ich ermutigte sie, ihn doch darauf anzusprechen. Sie müsse es ihm ja nicht so direkt sagen, sondern könne versuchen, es anders rüberzubringen. «Sagen Sie ihm doch, dass ihr superfeine Duschseifen verkauft. Man fühlt sich selber wohler, wenn man geduscht ist und frisch riecht!» Das wollte sie nicht riskieren, denn dann käme er vielleicht nicht mehr und sie hätte Ärger mit dem Chef. Überhaupt sollten seine Freunde ihm das sagen. Ich entgegnete, dass er vielleicht gar keine Freunde mehr habe. Viele schweigen lieber in so einer Situation und ziehen sich zurück, mit der Folge, dass solche Menschen wie dieser Mann vereinsamen. Ich ermutigte sie, sich bis zum nächsten Tag, wenn er wiederkommen würde, Gedanken zu machen, was sie sagen könnte. «Machen Sie sich nicht Sorgen, was alles schieflaufen könnte. Sondern machen Sie sich Gedanken, was sie alles verändern und bewegen können, indem Sie den Mut haben, den alten Mann anzusprechen!»

Ich bemerkte, dass bei ihr eine Saite zum Klingen gebracht worden war, von der sie bisher nichts gewusst hatte. Eine Kassierin im Supermarkt ist eben nicht nur eine Kassierin. Ich bin sicher, dass wir in alltäglichen Begegnungen so viel bewegen können. Und nicht zuletzt ist es für einen selber eine grosse Ermutigung! Für mich jedenfalls sind solche Erlebnisse die Highlights im Alltag. Ich möchte lernen, die Augen und Ohren offen zu haben, damit ich die Gelegenheiten sehe und dann mutig reagiere.

Eins über die Rübe

Ich war nun nicht mehr selber am Ausliefern. Mit dem Roller zu liefern hatte gewisse Vorteile: Man war wendig, wenn man eine neue Adresse suchte. Und man musste nicht befürchten, keinen Parkplatz zu finden. Aber im Winter, bei Kälte und rutschigen Strassen, wurde es heikel. Und da das auszuliefernde Volumen pro Fahrer immer mehr wurde, reichte der Roller bald nicht mehr aus.

Einen weiteren Vorteil hatte das Ausliefern mit Roller: Ich hatte einen Kunden, der im vierten Stock eines Hauses ohne Lift wohnte. Dieser hatte einen jungen Nachbarn, der an Schizophrenie litt. Jedes Mal, wenn ich beim Kunden läutete, war der junge Mann im Treppenhaus und bedrohte mich lautstark. Normalerweise zog ich den Helm aus, wenn ich zu den Kunden an die Tür ging. Aber in diesem Fall war ich dankbar für den Helm und zog ihn immer erst aus, wenn ich in der Wohnung des Kunden war. Ich war mir nicht sicher, ob ich eins über die Rübe kassieren würde. Eines Tages war der Kunde bei meinem Besuch völlig eingeschüchtert. Der junge Nachbar hatte in der Nacht mit einem grossen Hammer auf die Wohnungstür des Kunden eingeschlagen und die massive Türe schwer beschädigt. Selbst die später anwesende Spitex-Frau war völlig eingeschüchtert. Ich benachrichtigte die Verwaltung, da der Kunde dazu nicht in der Lage war und keine Angehörigen hatte. Die Verwaltung war dankbar für die konkrete Nachricht und handelte zeitnah.

So bin ich immer wieder mit verschiedenen Situationen konfrontiert, die mit Kochen nicht viel zu tun haben. In guter Erinnerung habe ich meinen allerersten Kunden; da lieferte ich noch selber aus. Nach ein paar Jahren und gesundheitlicher Verschlechterung musste der Kunde ins Pflegeheim eintreten und brauchte unseren Service nicht mehr. Da wir immer sehr gute Gespräche hatten, besuchte ich ihn einige Male in seinem neuen Daheim. Er hatte viele Fragen über den Glauben an Jesus. Es war für mich wie ein Blick ins Himmelreich, der mich reich beschenkte. Er war 93 Jahre alt und hatte erst wenige Jahre vorher sein Leben Jesus übergeben. Nun war er dabei, mit grosser Ernsthaftigkeit sein Leben aufzuräumen und sich auf den Tod vorzubereiten. Er erzählte mir, wie er nur widerstrebend ins Pflegeheim umgezogen sei, es aber einfach nicht mehr anders gegangen sei. Die ersten Wochen habe er fast trotzig im Zimmer verbracht und es kaum verlassen. Bis er gemerkt habe, dass es ihm – obwohl er der Älteste im Haus war – besser gehe als anderen Bewohnern, die zum Teil nicht mehr selber essen konnten, während er noch mobil war. So fand er seine Aufgabe: Er setzte sich zu den Bewohnern im Rollstuhl, die sich nicht mehr bewegen konnten, und las ihnen aus der Zeitung oder aus der Bibel vor. So war er im hohen Alter erfüllt und wieder zufrieden.

Eine Sache bedrückte ihn: Er hatte vor 50 Jahren einem Freund unrecht getan. Wie er das in Ordnung bringen könne, fragte er mich. Ich erzählte ihm, dass er es Jesus sagen könne, der Vergebung schenke. Er sah mich mit leuchtenden Augen an: Vergebung? Vergebung? Ich sehe noch vor mir, wie er mich voll Verwunderung und zugleich unbändiger Freude anschaute bei diesem Wort! Mich bewegte dabei noch etwas anderes. Ich dachte, wenn ich Gott wäre, hätte ich gesagt: «Ich habe 93 Jahre auf dich gewartet, jetzt brauchst du nicht mehr zu kommen.» Aber unser Herr sagt: «Ich habe 93 Jahre auf dich gewartet: Endlich bist du da!» Das ist die unglaubliche, unverdiente, krasse, unendliche Liebe Gottes!

Ich erinnere mich an eine Kundin in der Anfangszeit von «Gourmet Domizil». Sie selber war nicht mehr fähig, die Bestellungen aufzugeben, daher rief ihre Tochter wöchentlich an. Wie war ich überrascht, als ich eines Tages diese Kundin mit einer Bitte am Telefon hatte: Ihre Tochter habe demnächst Geburtstag. Sie habe ihr als Kind immer eine selbst gebackene Rüeblitorte gemacht. Dazu sei sie nun nicht mehr in der Lage. Sie möchte aber so gerne ihre Tochter überraschen. Ob ich ihr eine Torte backen könne? Nach kurzem Überlegen sagte ich zu. Ich buk eine

Torte mit Marzipanrüebli und brachte sie der Kundin. Der Anruf der Tochter einen Tag später ist nicht mit Worten zu beschreiben: Sie war überwältigt davon, dass ihre Mutter sich zurückerinnert hatte, womit sie sie glücklich machen konnte, und eine Lösung gefunden hatte, das umzusetzen! Solche Geschichten sich auch für mich Highlights.

Lebhafte Gespräche hatte ich mit einer anderen Kundin bei den wöchentlichen Anrufen. Sie wusste, dass ich gläubig bin, und löcherte mich während der Bestellung mit Fragen. Ob ich den Engel Gabriel anbeten würde, fragte sie immer wieder. «Nein», erklärte ich ihr. «Ich bete nicht Engel an, sondern Jesus.» – «Ich bestelle noch eine Cremeschnitte, aber beten sie den Engel Michael an?», fuhr sie fort und man musste sich sehr konzentrieren, dass man die Bestellung zwischen ihren Fragen nicht verpasste. «Nein, ich bete auch den Engel Michael nicht an. Ich bete Jesus an.» So verlief das Gespräch munter zwischen den Themen und die Kundin war zufrieden.

Mit vielen Lieferanten arbeite ich seit Jahrzehnten zusammen. Da spricht man bei einem Kaffee auch schon mal über private Themen und nicht nur über das Gewicht der Bratwurst oder den Reifegrad der Ananas. Ein Lieferant fragte mich einmal ganz spontan: «Bist du glücklich?» Ich brauchte einen Moment, um zu begreifen, dass das eine ernst gemeinte Frage war. «Ja, ich bin glücklich, auch wenn die äusseren Umstände nicht immer optimal sind.» Es entstand ein längeres Gespräch, bei dem der Lieferant ganz offen über seine Depression sprach und dass es auch seiner Frau nicht gut gehe. Ich beantwortete seine Fragen nach meinem Glauben und es wurde mir bewusst, dass mein Leben, gerade in herausfordernden Zeiten, vom Umfeld gescannt wird.

Seniorenfeste

Schnell fiel mir auf, dass die Advents- und Weihnachtszeit die schlimmste Zeit ist für Senioren. Wenn die Kunden kurz vor Weihnachten ihre Bestellungen telefonisch mitteilten, weinten sie oft, weil Einsamkeit und Traurigkeit sie übermannten. Es ergaben sich viele Gespräche und ich überlegte, ob bzw. wie ich etwas ändern könnte an dieser Situation. Ich war damals selber oft alleine an Weihnachten und konnte gut verstehen, was das heisst. Ich überlegte: «Ich habe die Infrastruktur, kann kochen, singen, organisieren. Ich werde eine Senioren-Weihnachtsfeier anbieten.»

Gedacht, getan. Wir luden die Gäste zur Weihnachtsfeier am 24. Dezember um 17 Uhr ein. Und sie kamen – und jedes Jahr mehr. Mir fiel auf: In der ganzen Adventszeit gibt es viele Angebote von Kirche, Nachbarschaftshilfe usw. Aber an Weihnachten selber sind die Menschen trotzdem alleine. Weihnachten kann nicht vorgefeiert werden. Es geht um Achtung und Wertschätzung den Menschen gegenüber. Später schickte die Kirche im Quartier die Leute sogar zu mir …

Beim ersten Fest wollte ich eine Familie mit Kindern engagieren zum Singen der Weihnachtslieder. Ich wusste nicht, wo und wen fragen, ich hatte nur diese Idee. Am nächsten Sonntag war ich in der Gemeinde im Gottesdienst. Da erzählte mir eine Freundin, sie habe vor, dieses Jahr Weihnachten ganz anders als sonst zu feiern. Sie würde gerne mit ihren vier Kindern im Teenageralter singen für Senioren. Wie bitte? Das passte! Ich liebe es, wenn der Herr koordiniert! So hat diese Familie unser erstes Senioren-Weihnachtsfest mit ihren Liedern bereichert.

Bald war klar, dass die Feste an sich auf ein grosses Bedürfnis stiessen. Seitdem veranstalten wir sie fünf- bis sechsmal jährlich sonntags. Denn auch Sonntage können sehr einsam sein für Senioren. Wir bieten ein dreigängiges Menü an zu einem günstigen Preis. Festlich gedeckte Tische, mit Blumen dekoriert. Und Musik. Das ist wichtig, denn Musik spricht Herzen an, auch dort, wo Demenz Gespräche unmöglich macht. Mithilfe von Freiwilligen konnten wir bald einen Fahrdienst anbieten für Gäste, die nicht mehr mobil waren oder Unterstützung brauchten. Sie wurden abgeholt und wieder nach Hause gebracht. Die Feste sind sehr personalintensiv. Mittlerweile habe ich eine Liste von Freiwilligen, die uns unterstützen beim Service, beim Abwaschen und bei der Betreuung der Gäste. Es gibt auch jüngere Menschen, die dankbar sind, wenn sie Sonntage und Festtage nicht alleine verbringen müssen!

Ein älterer Herr war wöchentlich zu Gast bei uns im Restaurant zum Mittagessen. Anfangs grüsste er kaum und war ziemlich knurrig. Ich bediente ihn immer freundlich und fragte ihn nach seinem Namen, um ihn persönlich begrüssen zu können. Bei jedem Besuch ergaben sich nun längere und freundlichere Gespräche. Dann begann er, unsere Seniorenfeste zu besuchen, auch an Weihnachten. Im nächsten Herbst machte er eine grössere Reservation im Restaurant ‹Lerchenberg›, er wollte seinen 85. Geburtstag bei uns feiern. Das freute mich sehr, zumal er seinen Jodelclub einlud, bei dem er seit vielen Jahren Mitglied war.

Mitten im Fest, ich war hinter dem Büffet dabei, Gläser zu polieren, kam sein Sohn zu mir und sprach mich an: «Sie sind also die Frau Sulser?» Ich bejahte und fragte mich, was wohl kommen würde. Nun berichtete er, dass sie seit vielen Jahren in der Familie am 24. Dezember gemeinsam Weihnachten feierten. Aber in den letzten Jahren habe sein Vater gesagt, er müsse ihn nicht mehr einladen. Er sei am 24. Dezember bei Frau Sulser im ‹Lerchenberg›. Ähm, zuerst wusste ich nicht, ob das ein Vorwurf oder ein Kompliment sein sollte. Aber es war alles gut! Üblicherweise sind es die Jungen, die den Eltern sagen, sie könnten nicht nach Hause kommen für irgendwelche Feste. Hier war es umgekehrt. Wir hatten ein herzliches Gespräch. Später lud ich den 85-Jährigen mit seinem Schwyzerörgeli und seinem Chörli ein, um an einem Seniorenfest zu spielen. Das hat allen sehr viel Freude gemacht.

Die Seniorenfeste sind immer sehr ereignisreiche Anlässe – für die Gäste und die Helfer. Ich erinnere mich an eine betagte

Kundin, die vom Sohn und der Schwiegertochter begleitet wurde. Mir fiel auf, dass der Sohn die ganze Zeit lächelte und offensichtlich sehr zufrieden war. Am Ende des Festes kam er auf mich zu und erzählte mir, dass seine Mutter seit einigen Wochen unsere Kundin sei. Mit dem Essen seien sie sehr zufrieden. Aber unser Dienst bewirke noch viel mehr als nur eine ausgewogene Ernährung: Vorher sei sie depressiv gewesen und habe die meiste Zeit im Bett verbracht. Aber nun stehe sie am Morgen zeitig auf, um unsere Fahrerin zu empfangen; die kurze Begegnung und ein paar freundliche Worte würden ihr helfen, ihren Tagesrhythmus zu finden. Sie sei ganzheitlich viel besser dran als vorher.

Eine ganz spezielle Geschichte ist die von Hansli. Er hat keine Familie und seine ganze Freude sind die beiden Wellensittiche, die er liebevoll hegt und pflegt. Kennengelernt habe ich ihn an einer früheren Arbeitsstelle, bevor ich die eigene Firma gründete. Ich war dort Alleinkoch und Hansli war mein Küchengehilfe. Er war zuständig für allgemeine Rüst- und Reinigungsarbeiten. Damals wohnte er mit den Eltern zusammen. Er hatte ein Alkoholproblem. Oft kam er morgens zur Arbeit und hatte bereits ein paar Biere getrunken, sodass er entsprechend unkonzentriert war und nicht belastbar. Ich war damals 21 Jahre alt und hatte keinerlei Erfahrung mit Menschen, die schnell am Limit sind. So war ich schnell überfordert, und als Hansli begann, mir Küchenutensilien nachzuwerfen (in einer Küche hat es immerhin grosse Messer …), sprach ich mit dem Chef: «So kann ich nicht weiterarbeiten. Entweder geht Hansli oder ich.»

Der Chef reagierte sehr verständnisvoll. Er sah das Problem, aber es war ihm auch klar, dass Hansli im Falle einer Kündigung wohl zum Sozialfall werden würde. Ich solle es doch nochmals versuchen. So überlegte ich, wie ich die Situation verändern könnte. Wenn Hansli nun die Küche reinigte, lobte ich ihn und sagte, ich müsse ja jetzt mit der Sonnenbrille arbeiten, weil es dermassen glänzte. Ich lernte, dass er überfordert war, wenn er zum Abwaschen einen Berg Geschirr aufs Mal sah. So behielt ich die gebrauchten Pfannen und Kellen erst einmal zurück und stellte ihm immer nur so viel schmutziges Geschirr hin, dass er gut beschäftigt, aber nicht überfordert war.

In kurzer Zeit war er ein anderer Mensch. Er war fröhlich und motiviert, seine Arbeit so gut wie möglich zu machen. Gleichzeitig «brauchte» er weniger Alkohol. Es kam nur noch sehr selten vor, dass er morgens schon eine «Fahne» hatte. Es motivierte auch mich, zu überlegen, wie Situationen gesteuert werden können. Damals lernte ich, was ich im Alltag bewegen kann mit meinem Verhalten und meinen Worten. Es kam der Tag, wo ich die Stelle verliess, um eine neue Herausforderung anzunehmen. Zum Abschied machte ich Hansli ein Geschenk. Damals hatte er eine Katze, die ihm viel bedeutete. So schenkte ich ihm einen Topflappen in der Form eines Büsis und überreichte ihm ein hübsches Geschenkpäckli mit Schlaufen. Als er es auspackte, war er so gerührt, dass er mir spontan um den Hals fiel.

Nach einigen Wochen besuchte ich noch einmal das Restaurant. Die ehemaligen Kolleginnen erzählten mir, dass der neue Koch keine Geduld mit Hansli habe. Innert kürzester Zeit war alles beim Alten: Hansli war wieder dem Alkohol verfallen und erhielt als Folge die Kündigung. Und ja, er wurde zum Sozialfall. Etwa zehn Jahre später, da hatte das «Gourmet Domizil» bereits eine gewisse Grösse erreicht, klingelte das Telefon. Eine Spitex-Frau wollte einen neuen Kunden anmelden. Ich nahm Namen und Adresse auf – und siehe da, es war «mein» Hansli. Spontan sagte ich zu ihr, dass ich den Mann kennen würde und einst mit ihm zusammengearbeitet hätte. Da fragte mich die Frau: «Sind Sie diejenige, die Hansli einen Topflappen geschenkt hat?» Wow! Dass eine so kleine Geste so viel bewirkt! Offenbar hatte er, der wohl in seinem ganzen Leben selten bis nie Geschenke bekommen hat, das fleissig weitererzählt.

Das soziale Umfeld von Hansli sind sein Hausarzt, die Spitex und wir von «Gourmet Domizil». EInmal erzählte er mir am Telefon, es gehe ihm gar nicht gut. Die Spitex-Frau habe seine

Wohnung gelüftet und er gleichzeitig den Vogelkäfig. Und weg waren sie, die Wellensittiche! Das war ein Drama. Aber ein lösbares. Ich fuhr in die nächste Zoohandlung und kaufte kurzerhand zwei neue Vögel. Die Freude im Gesicht von Hansli war köstlich. Und ich erklärte meinem verwunderten Buchhalter, warum ich eine Quittung für zwei Wellensittiche im Aufwand hatte …

Ein paar Jahre später fragte einer meiner Fahrer den Hansli, ob er ihm einen Wunsch erfüllen dürfe. Hansli reagierte schlagfertig, er hätte gerne eine Flasche Rum. Ohne mein Wissen brachte mein grosszügiger Mitarbeiter ihm am nächsten Tag die gewünschte Flasche mit dem Hinweis, er solle nicht zu viel aufs Mal trinken. Hanslis Kommentar: «Nein, nein, nur ein wenig in den Tee.» Am anderen Morgen kam wie üblich die Spitex-Frau vorbei und fand Hansli betrunken im Sessel hängen. Die Flasche war leer, den Tee dazu hatte er vergessen! Die Spitex-Frau fragte ihn, woher er den Rum gehabt habe. «Der nette Fahrer von ‹Gourmet Domizil› hat mir ein Geschenk gemacht!» Natürlich musste ich am Telefon dafür geradestehen. Aber das Problem hielt sich in Grenzen und die Spitex-Frau war ebenfalls sehr verständnisvoll. Am Schluss mussten wir beide lachen über die Situation!

Wir haben eine wunderbare Zusammenarbeit mit den Mitarbeitenden der Spitex, die die Kunden zu Hause betreuen. Diese Frauen und Männer leisten einen wertvollen Dienst an den betagten und kranken Menschen. Da war eine demente Kundin, die von der Spitex für ein Seniorenfest angemeldet wurde; die Kundin selber war dazu nicht in der Lage. Die Spitex fragte uns, um welche Uhrzeit wir sie holen würden; sie werde dafür sorgen, dass die Kundin dann angezogen und bereit sei. Die Dame sei einsam, mehr als einsam. Nun habe sie eine schöne Gelegenheit, einmal nicht alleine essen zu müssen. Es treibt mir heute noch die Tränen in die Augen, wenn ich daran denke! Wir konnten der Kundin eine Eins-zu-eins-Betreuung geben. Auch wenn sie nicht mit Worten kommunizieren konnte, tat sie es nonverbal mit leuchtenden Augen. Oft ist es auch die Geste, wenn die Gäste am Schluss des Anlasses die schöne Papierserviette mitnehmen oder die Schokoladenherzchen auf dem Tisch verstohlen einpacken …

Jedes Seniorenfest hat ein Thema, das wir auf der Einladung ankündigen. Ein Fest war dem Thema «Belle Époque» gewidmet, zu dem die Servicemitarbeiter sich entsprechend kleideten. Das war ein Spass bei den Gästen, weil ich mit der riesigen Hutkrempe nur mit Verrenkungen servieren konnte. Ich habe definitiv keine Erfahrung mit solchen Accessoires! Wir boten Veranstaltungen mit deutschen Schlagern oder Schweizer Volksmusik zum Mitsingen an. Diese nannten wir «Käferfest». Es gab Gäste, die mir beim Abschied mit Tränen in den Augen sagten, dass sie schon lange nicht mehr so herzhaft gelacht hätten! Lachen ist doch die beste Medizin.

Der erste Sonntag im März ist international der Tag der Kranken. Im 2019 machten wir ein Seniorenfest zu diesem Thema. Einige Jahre vorher hatte ich Ruth kennengelernt, eine Künstlerin, von der ich während einiger Jahre die Weihnachtskarte bezog, die ich an die Kunden und Geschäftspartner versende. Sie litt seit ihrem 25. Lebensjahr an einer unheilbaren Krankheit. Zudem hatte sie zwei Kinder verloren, eines nach der Geburt und einen Sohn mit 16 Jahren. Sie war bereit, über ihre Krankheit zu sprechen und wie sie im Glauben an Gott diese Situation trägt. Eine Woche vor dem Anlass bekam sie zusätzlich die Diagnose «Magenkrebs». Das war ein Schock für uns alle. Ich sagte ihr, dass ich es verstehen würde, wenn sie die Teilnahme am Seniorenfest absagen möchte. Aber Ruth wollte jetzt erst recht dabei sein und den Gästen von Jesus erzählen, der ihr und ihrem Mann Kraft und Trost sei in solch schwierigen Situationen.

Es war einer der eindrücklichsten Anlässe. Es war so still im Saal, man hätte eine Stecknadel zu Boden fallen hören. Ich engagierte einen Pianisten, der unser Interview mit wunderschönen Melodien auflockerte und mit der Musik zugleich Raum gab, das Gehörte zu verdauen. Viele Gäste hatten Tränen in den Augen.

Es war das letzte Zeugnis von Ruth. Eine Woche später wurde sie operiert. Ihr Körper überstand die Strapazen nicht. Einen Monat später schlief sie in den Armen ihres Mannes ein und ging zu ihrem Erlöser Jesus heim. Dass sie bei unserem «Fest» noch so offen über ihr Leben, ihre Krankheiten und ihren Glauben sprechen konnte, hinterliess eindrückliche Spuren. Es war ihr starkes Vermächtnis.

Herr?

Als ich im «Lerchenberg» erst zwei Köche angestellt hatte, stand ich noch oft selber in der Küche. Immer wenn einer der beiden in den Ferien war, übernahm ich die Küche. Das tat ich gerne, nur war es sehr streng, da die restliche Arbeit im Büro auch noch zu tun war. Wieder einmal war es so weit, dass ein Koch für drei Wochen in die Ferien fuhr. Wie immer betete ich, dass alles gut gehen würde. Ich glaubte und vertraute, dass der Herr den Betrieb und mich schützen und über uns wachen würde. Am ersten Montagmorgen der Ferienzeit rief der zweite Koch an: Es gehe ihm nicht gut und er sei für zwei Wochen krankgeschrieben. Nach dieser Mitteilung hängte er den Hörer auf.

Ich schimpfte mit Gott: «Ich habe gebetet und geglaubt und vertraut! Machst du denn das Gegenteil von dem, was ich bete?» Es blieb mir nichts anderes übrig, als mich umzuziehen und selber in der Küche zu stehen. Wir hatten viel Arbeit. Ich sagte zu Gott: «Wenn du mich schon segnest mit so viel Arbeit, dann musst du mir auch eine personelle Lösung schenken.» (Das bete ich übrigens immer mal wieder!) Ich arbeitete 14 Stunden täglich und es war einfach zu viel und zu streng. Nach einer Woche machte ich, was ich wirklich nur im absoluten Notfall tue: Ich rief den ersten Koch in seinen Ferien an und erzählte ihm die Situation. Kein Problem, war seine Antwort, er werde einfach früher zurückkommen und die letzte Ferienwoche zu einem späteren Zeitpunkt nehmen. Ich war so dankbar!

Kaum war er zurück, kippte ich um und fiel für kurze Zeit in Ohnmacht. Am Abend lag ich zu Hause auf meinem Sofa und redete mit Gott: «Herr, was soll das? Habe ich etwas falsch gemacht? Ich kann das nicht einordnen.» Beim Lesen in einer christlichen Zeitschrift begegnete mir Psalm 145, Vers 14: «Der Herr hält die fest, die hinfallen, und hilft denen auf, die zusammengebrochen sind.» Punkt. Zuerst dachte ich, das sei so eine hypermoderne Übersetzung. Ich holte meine alte Lutherbibel hervor. Aber da stand im Grunde dasselbe. So ist es: Manchmal müssen wir gar nicht mehr wissen, als dass Jesus bei uns ist. Er hat unser Leben und unsere Situation im Griff. Auch wenn sie noch so verzwickt ist. In diesem Psalm geht es um nichts anderes. Es gibt auch keine Erklärung. Und das ist Glauben: Dass unser treuer Herr bei uns ist, wenn nichts mehr geht. Im Übrigen ist die Bibel voll von «Ver-» und «Zer-». Denn Jesus ist gekommen für die Verzweifelten und Verzagten und Verirrten und Zerschlagenen und Zerschundenen und Zerzausten und Verlorenen und …

Ich habe nie eine Erklärung bekommen für diese Situation. Ich habe mich erholt, der zweite Koch ist irgendwann wiedergekommen. Und mein Glaube ist gewachsen. Ich vertraue meinem Gott erst recht! Ich habe gelernt, ihn über meine schwierigen Situationen zu erheben und ihn gerade dann anzubeten. Manchmal unter Tränen. Das ist Anbetung.

Gott sorgt für meine Ferien

Die finanzielle Situation entwickelte sich gut. Doch immer wieder hatten wir Phasen, wo es eng wurde. Für mich war es klar, dass ich dann mit meinem privaten Geld aushalf oder mir nur so viel Lohn auszahlte, dass ich meine privaten Rechnungen bezahlen konnte. Und ich nahm in den ersten zehn Jahren keine Ferien.

Wieder einmal war es so weit, dass wir finanziell am Limit liefen. Nun war ich aber erschöpft und wusste, dass ich dringend Ferien nötig hatte. Ich hatte aber privat kein Geld, um mir eine Reise zu leisten, und nur zu Hause bleiben wollte ich nicht. So reservierte ich mir eine Woche im September in der Agenda und brachte mein Anliegen vor Gott. Ich sagte ihm, dass ich eine kleine Auszeit bräuchte und nicht zu Hause bleiben möchte.

Zu dieser Zeit hatten wir das Geschäftskonto bei der Postfinance. Da wir das Konto regelmässig überzogen, mussten wir dafür Zinsen bezahlen. Dadurch gehörten wir zu den guten Kunden! Diese wurden jährlich drei- bis viermal zu einem Event eingeladen, mit Apéro, Vortrag oder ähnlich interessanten und attraktiven Programmpunkten. Etwa einen Monat vor meiner Ferienwoche erhielt ich einen Anruf von der Postfinance: Ob ich am genannten Datum Zeit hätte? Es war ein Tag in meinen geplanten Ferien. Ich sei eingeladen zu einem Alpenrundflug mit der «Tante Ju» und anschliessendem Nachtessen. Ich traute meinen Ohren nicht. So sass ich wenig später in diesem legendären Flugzeug und genoss einen wunderbaren Rundflug über die Innerschweizer Berge. Mir liefen die Tränen hinunter, als ich auf die Bergwelt unter mir schaute, und ich betete Gott an. Er interessiert sich sogar für meine Ferien! Es ist ihm nicht egal, wie es mir geht. Zusätzlich ermutigte mich ein befreundetes Ehepaar, ich solle mein Lieblingshotel in Iseltwald buchen, sie wollten mir ein paar Tage Aufenthalt bezahlen. Wow! Diese Ferienwoche erinnert mich bis heute daran, dass Gott mich liebevoll-grosszügig versorgt – nicht nur «sparsam» mit dem Lebensnotwendigen.

Vergebung

Kurz nachdem ich das Wort «Mahlzeitendienst» von Gott bekommen hatte, verbrachte ich wieder ein Wochenende in

Iseltwald im Berner Oberland. Mittlerweile war mir das Fischerdorf am Brienzersee zu einer Oase geworden. Ich buchte mir ein Zimmer in einem gemütlichen Chalet-Hotel direkt am See, um Zeit mit Gott zu verbringen. Dort war ich so oft, dass die Wirtsleute und das Personal mich gut kannten und herzlich empfingen. Ich wollte mich mit dem Thema Vergebung befassen, einer ganz wichtigen Sache in der Bibel. Mehrmals bringt Jesus zum Ausdruck, dass, wenn wir einander nicht vergeben, der Vater im Himmel uns auch nicht vergeben kann.

Ich spürte in meinem Herzen Groll. Ich stellte eine Liste zusammen mit all den Personen, denen ich vergeben wollte. Dabei war ich gnadenlos ehrlich. Da waren die Namen von meinen Eltern, von meinem Mann, von Personen aus der ehemaligen Kirche, von Lehrern – einfach alle, die mir in den Sinn kamen. Dann betete ich namentlich alle durch und vergab jeder Person einzeln. Bei manchen Namen tat es mehr weh, bei andern weniger. Es flossen Tränen, die echt waren. Und es war gut so. Das Wochenende war sehr intensiv und es sollten noch mehrere von dieser Art folgen.

Am Tag nach meiner Vergebungszeremonie war ein Grossteil meiner Depressionen weg! Einfach weg – wie weggewaschen, wie ein schwerer Rucksack, den man einfach ablegt. Ich kann aus eigener Erfahrung bezeugen, dass Depression und mangelnde Vergebungsbereitschaft eng miteinander verwandt sind. Und noch ein wichtiger Aspekt: Als depressive Person empfängt man viel Anteilnahme. Wenn man nun nicht mehr depressiv ist, fällt das weg. Man muss also bereit sein, sein Selbstmitleid loszulassen. Bereit sein, selbstständig zu werden, unabhängig zu werden von den mitfühlenden Nachfragen anderer. Ich fragte mich: «Will ich das?» Und ich merkte, dass dieser Schritt weh tun würde. Noch «brauchte» ich mein Selbstmitleid. Aber der Herr zeigte mir: Das ist nicht der Weg der Heilung, sondern das Loslassen ist der richtige Schritt. Viele depressive Menschen halten sich abhängig von «bemutternden» Mitmenschen. Dabei wären sie fähig, zu leben und eigene Schritte zu tun. Wagt es! Verabschiedet euch vom Selbstmitleid!

Ich finde die Reaktion von Jesus gegenüber dem sinkenden Petrus herausfordernd. Petrus macht doch trotz des Sturms immerhin ein paar Schritte übers Wasser auf Jesus zu – bis er auf die hohen Wellen schaut und zu sinken beginnt. Der sonst so selbstbewusste Fischer schreit vor Angst und Jesus reicht ihm die Hand. Und was sagt Jesus? «Ach, du hast es ganz gut gemacht fürs erste Mal. Sei nicht traurig. Das wird schon.» Nein! Jesus sagt zu Petrus: «Du Kleingläubiger, warum glaubst du nicht?» Bei jeder Heilung, die Jesus vornahm, musste der Kranke auf Jesu Geheiss selber etwas tun: «Steh auf und nimm dein Bett!» Oder: «Wasche dich und zeige dich den Priestern!» Und im Tun dessen, was Jesus ihnen geboten hatte, wurden sie gesund.

Krankheitszeiten

Eines Morgens im Sommer 2005 bemerkte ich, dass ich aus einer Brust blutete. Ich erschrak und meldete mich sofort bei meiner Frauenärztin an für einen Untersuchungstermin. Sie meinte, es sei nichts Schlimmes; auch der Laborbericht war unauffällig. So vertraute ich der Ärztin, aber dennoch hatte ich ein komisches Gefühl. Zudem blutete es weiter und das beunruhigte mich. Nach einem Jahr ging ich zum nächsten jährlichen Untersuch und fragte die Ärztin wieder, ob dieses Bluten in Ordnung sei. Sie reagierte fast ein wenig ungehalten: Sie habe das doch bereits untersucht, ohne etwas Verdächtiges festzustellen! Ich liess mich zum Schweigen bringen. Drei Monate später war ich wegen etwas anderem beim Hausarzt. Beim Untersuch bemerkte er Blutflecken an meinen Kleidern und fragte mich, woher das komme. Ich erzählte ihm die Geschichte. Er wolle mir ja keine Angst machen, meinte er, aber das sollte im Krankenhaus abgeklärt werden, vermutlich müsse man operieren.

Ich war dankbar, endlich ernst genommen zu werden, obschon die Aussicht auf eine Operation nicht erfreulich war. Ich willigte ein, dass der Hausarzt mich ins Krankenhaus überwies. Dort wurde ich gründlich untersucht und mehrere Ärzte empfahlen dringend eine Operation, obschon es mit ziemlicher Sicherheit nichts Ernsthaftes oder Bösartiges sei. So lag ich wenige Wochen später auf dem Operationstisch, in der Erwartung, dass es schnell erledigt sein würde. Nach wenigen Tagen durfte ich nach Hause, wieder mit der Info, ich werde noch entsprechenden Bescheid erhalten, aber da sei ziemlich sicher alles in Ordnung.

So widmete ich mich schon bald wieder meinem Alltag. Ich hatte noch nicht so viele Mitarbeiter und es war schwierig, einen Ausfall von mir zu überbrücken. Nach zehn Tagen rief mich mein Hausarzt an: Ob man mir schon gesagt habe, dass ich Brustkrebs hätte. Äh, nein! Die Nachricht schockierte mich, zumal ich das Thema bereits abgehakt hatte. Es folgte ein Arzttermin im Spital, wo ich genauer untersucht und informiert wurde.

Eine solche Mitteilung, egal wie sie übermittelt wird, lässt das Leben stillstehen. Die Gedanken überstürzen sich, man weiss nicht mehr, wo beginnen und wo aufhören. In mir kamen Bilder hoch von Sonja: Hatte ich den gleichen Krebs wie sie? Dann würde ich nicht mehr lange leben. Es folgten drei lange und bange Wochen mit weiteren Untersuchungen. Nun stand fest: Der Krebs, der die Ursache für das Bluten gewesen war, hatte bei der Operation vollständig entfernt werden können und war nicht bösartig. Weiteres Gewebe rundherum war zum Untersuch entnommen worden und darin hatte man einen bösartigen Krebs im Vorstadium entdeckt. Als Folge musste ich im Universitätsspital in Zürich während fünf Wochen täglich bestrahlt werden. Die nächsten fünf Jahre hatte ich täglich ein Medikament zu schlucken.

Erst später wurde mir klar, dass dieser Krebs im Vorstadium ein Jahr vorher, beim ersten Untersuch bei der Frauenärztin, wohl nicht entdeckt worden wäre. Dann wäre der Tumor gewachsen und erst bemerkt worden, wenn es zu spät gewesen wäre. Wenige

Jahre danach ist eine meiner Cousinen an Brustkrebs gestorben, weil man den Tumor nicht rechtzeitig entdeckt hatte. Heute, nach 18 Jahren, bin ich gesund und danke Gott immer wieder dafür. «Herr, du willst, dass ich lebe! Was hast du noch vor mit meinem Leben?»

Damals nahm ich die Krankheitszeit als Hauptprobe zum Sterben. Ich dachte: «Okay, angenommen, ich habe noch sechs Monate zu leben, was muss ich noch regeln?» Ich müsste das Geschäft in andere Hände übergeben. Und meine acht Meerschweinchen würden ein neues Zuhause brauchen. Alles Weitere wäre okay. Diese Momentaufnahme hat einen grossen und bleibenden Frieden in mir ausgelöst, weil ich merkte: Ich bin in Jesus geborgen und gerettet! Ja, ich bin bereit zum Sterben.

Die Krebskrankheit hat noch etwas anderes bewirkt: Ich entschied mich zur Trennung und Scheidung von meinem Mann. Während meiner Krankheit waren mir die Augen geöffnet worden über unsere Ehe. Es tat weh. Ich möchte hier aber bewusst nichts Weiteres zu diesem Thema schreiben.

Es kamen die ersten Weihnachtstage nach der Trennung von meinem Mann. Mein lange auf dem Herzen getragenes erstes Seniorenweihnachtsfest konnte endlich am 24. Dezember 2009 stattfinden. Es war für die Gäste wie auch für die Mitarbeiter und Helfer ein eindrücklicher und feierlicher Anlass. Am Tag danach war ich damit beschäftigt, die Löhne aller Mitarbeiter zu rechnen und zu überweisen. Ich war alleine im Büro. Plötzlich erwachte ich wieder, am Boden liegend! Blutspuren auf dem Boden neben meinem Kopf. Die Zunge schmerzte, ich hatte mir heftig auf sie gebissen, daher das Blut. Ansonsten tat mir nichts weh. Ich überlegte angestrengt, was geschehen war. Ich hatte schon immer einen niedrigen Blutdruck. Auch war ich müde vom Vortag. Das mussten wohl die Gründe für diesen Vorfall sein. Aber dass es mich gleich vom Stuhl gefegt hatte, fand ich dann doch krass. Ich legte mich eine Weile hin, bevor ich meine Arbeit fertig machte.

Erst drei Tage später suchte ich meinen Hausarzt auf. Für ihn war der Fall sofort klar: Es war ein epileptischer Anfall gewesen. Das würde angesichts der Vorgeschichte mit dem Krebs weitere Abklärungen brauchen, meinte der Arzt! Wieder fand ich mich für Untersuchungen im Spital wieder. Epilepsie kann durch Metastasen oder einen Tumor im Hirn ausgelöst werden. Darum wurde ein MRI vom Kopf gemacht. Beides konnte als Ursache ausgeschlossen werden. Medizinisch war es also nicht zu erklären. Die Ärzte vermuteten als Auslöser meines Krampfanfalls psychosoziale Belastung. Denn die beiden Jahre zuvor hatte ich jede Nacht nur etwa zwei Stunden geschlafen. Zudem war die letzte Zeit mit meinem Noch-Ehemann belastend.

Ich bekam die Diagnose nicht auf die Reihe. Mit dieser Krankheit hatte ich mich noch nie befasst. Überhaupt gehöre ich nicht zu der Sorte Mensch, die ständig in Angst vor einer Krankheit leben. Doch mein erster Gedanke war: «Gott liebt mich nicht mehr. Er hat mich verlassen und aufgegeben. Er will mich bestrafen für etwas, was ich falsch gemacht habe!» Noch schlimmer als die Krankheit war aber die Aussage meiner Seelsorgerin: «Du hast falsch und zu wenig gebetet.» Das hat mich umgehauen. Der Satz war noch schlimmer als die Diagnose. Ich sah Gott mit verschränkten Armen auf seinem Thron sitzen und streng auf die Erde hinunterschauen: «Weil du nicht gebetet hast, konnte ich dich nicht schützen!»

Aber wie kann ich immer für alles und richtig beten? Stimmt das Bild vom strengen, fordernden Gott etwa doch? Ich hatte den Mut, mich diesen Fragen zu stellen. Nochmals: Entweder stimmen die Zusagen der Bibel von einem liebenden Gott – oder es ist alles nur ein riesiger Krampf! Plötzlich wurde mir klar, dass ich Lebenslügen glaubte, die mich gefangen hielten. Diesen Lügen wollte ich nun ins Gesicht schauen und die Wahrheiten der Bibel erforschen. Ich begann, Aussagen der Bibel, die mir wichtig waren, aufzuschreiben und sie für mich in Anspruch zu nehmen. Und mir zu überlegen, welche Lebensmuster mein Leben bewusst und unbewusst bestimmten. Diese Lebensphase war eine der befreiendsten meines Lebens. Immer wieder erlebe ich seitdem, dass die dunkelsten Stunden zu den hellsten werden, wenn ich sie dem Herrn hinhalte. Es ist einfach Gottes Prinzip: Fluch in Segen zu verwandeln, aus Scherben Kunstwerke zu machen, Tränen in Lachen zu verwandeln. Unser Herr erträgt es, wenn wir ehrlich mit ihm reden. Das ehrt ihn.

Meine Ärzte sagten, dass man nach einem einzelnen Krampfanfall noch nicht von Epilepsie reden könne. Etwa fünf Jahre später war ich in Bern am Shoppen. Im Bruchteil einer Sekunde merkte ich, dass mir plötzlich schwindelig wurde. Als Nächstes erwachte ich in einer Ambulanz, die mich mit Blaulicht ins Inselspital fuhr. Die Sanitäterin erklärte mir, dass ich einen Krampfanfall gehabt hatte. Nie werde ich vergessen, was ich in dem Moment fühlte, denn es war mir bewusst, was diese Diagnose bedeutete: diverse Untersuchungen, ein Jahr Fahrverbot, Medikamente schlucken. Durch den Sturz hatte ich eine Platzwunde am Kopf, die genäht werden musste; zur Sicherheit wurde noch ein CT von Hals und Kopf gemacht, um eventuelle Verletzungen als Folge des Sturzes auszuschliessen. Dennoch durchströmte mich ein tiefer Friede, der sich nicht beschreiben lässt. Ich wusste: Man kann mir alles nehmen, auch die Gesundheit. Aber der Friede Gottes, der höher ist als alle Vernunft, den kann mir niemand nehmen. Es war vermutlich seltsam, lächelnd auf der Trage zu liegen. Aber mit Gott ist noch manches nicht wirklich erklärbar …

6. Meine Fahrradtouren

Eine Berufung kennt keine Ferien

Seit ich 18 Jahre alt bin, sieht man mich in meiner Freizeit öfters mit dem Rennrad unterwegs. Die ersten Touren machte ich mit einem Mietvelo, weil ich kein eigenes Fahrrad hatte. Damals konnte man bei den Schweizerische Bundesbahnen (SBB) an fast jedem Bahnhof Fahrräder mieten und sie an einem beliebigen anderen Bahnhof wieder abgeben. Meine erste Tour führte mich, etwa 20-jährig, von der Bundesstadt Bern nach Biel und von dort am wunderschönen Bieler- und Neuenburgersee entlang bis nach Yverdon, dann von Yverdon über Lausanne nach Genf und schliesslich an der französischen Seite des Genfersees entlang bis nach Villeneuve und Richtung Wallis. Ziel wäre Visp gewesen. Aber in Sion habe ich das Fahrrad abgegeben und bin mit der Bahn wieder nach Hause gefahren. Der Strassenverkehr war mir zu heftig. Ausserdem bekam ich starke Schmerzen in den Handgelenken. Ich lernte, dass es sich für längere Touren lohnt, ein gutes, auf die Körpergrösse eingestelltes Fahrrad zu haben. Aber die Lust auf weitere Abenteuer mit dem Fahrrad war geweckt.

Jahre später, als ich zum ersten Mal nach 15 Jahren Selbstständigkeit für zwei Wochen Ferien machen konnte, plante ich, mit dem Rennrad von Zürich über Basel den Rhein entlang bis nach Amsterdam zu fahren. Als «Belohnung» wollte ich dann mit dem Schiff zurück bis Basel. Ich freute mich sehr darauf!

Die Strecke mit dem Rad betrug 1000 Kilometer. Ich plante die Tagesetappen genau vor und buchte auch schon die Übernachtungen, um während der Tour nicht immer erst eine Unterkunft suchen zu müssen. Natürlich trainierte ich seriös, sowohl auf dem Rad als auch Krafttraining im Fitnesscenter an den Maschinen (was ich ohnehin schon seit Jahren machte). Und doch war ich nicht sicher, ob ich es schaffen würde. Ich kaufte mir ein Navigationsgerät, das mich durch die unbekannte Gegend führen sollte. Am Computer bereitete ich die Tagesrouten vor und übertrug sie aufs Gerät. Vor der Reise machte ich Tests in der Schweiz. Es war absolut faszinierend, wenn ich dann mitten in Deutschland oder später auch in anderen europäischen Ländern war und die Stimme aus dem Gerät mir sagte: «Biegen Sie rechts ab», während die Verkehrstafel vor Ort auf der Hauptstrasse aber nach links zeigte. Die Radwege führten meistens andere Routen als die Hauptstrassen.

Das Navi wurde mir zu einem Beispiel des Glaubens: Weit oben, kurz nach der holländischen Grenze, führte der Weg direkt am Ufer des Rheins entlang. Es war idyllisch und wunderschön. Die Stimme aus dem Gerät sagte: «Biegen Sie rechts ab.» – «Nein, mache ich nicht» (ich war ja alleine unterwegs und begann, mich mit der sprechenden Dame an meinem Lenker zu unterhalten …). «Wieso soll ich hier abbiegen, wenn der Radweg so wunderschön direkt am Rheinufer weiterführt?» Sie meinte dann noch ein paarmal: «Wenn möglich, bitte wenden.» Das tat ich aber nicht. Ich genoss die Fahrt. Da war noch eine Fussgänger- und Fahrradfähre, die ich ebenfalls ignorierte. Bis ich merkte, dass sich meine gebuchte Übernachtung auf der andern Seite des Rheins befand. Die nächste Brücke war erst in 20 Kilometern Entfernung. Und auf der anderen Flussseite musste ich natürlich wieder zurückfahren. Mit anderen Worten: Mein «Ungehorsam» kostete mich 30 zusätzliche Kilometer an diesem Tag! Meine durchschnittliche Tagesleistung war 100 Kilometer; heute machte ich also 130 Kilometer. Super. Wenn man mit dem Auto unterwegs ist, kann das egal sein. Aber mit dem Fahrrad spürt man das eindeutig in den Beinen!

Nach Möglichkeit fuhr ich Nebenstrassen. Aber manchmal nahm ich auch Hauptstrassen, auch um meine Unterkunft in den Städten zu finden. Morgens fuhr ich zeitig los, um am frühen Nachmittag am nächsten Ziel zu sein und die Ortschaft anzuschauen. Kurz vor Mainz fuhr ich auf der Hauptstrasse. Plötzlich wurde diese vierspurig mit Mittelleitplanke und Tempotafel 100. Aber kein Pannenstreifen und auch keine Chance, umzukehren oder abzuzweigen. Was nun? Rechts war die Uferböschung des Rheins und links Rebberge. Ich fuhr möglichst schnell, war sowieso im Verzug. Nach etwa zehn Kilometern kam endlich eine Ausfahrt. Hier war dann auch eine Tafel mit dem Zeichen «Ende der Autobahn». Da hatte ich schon etwas weiche Knie …

Ich erinnere mich gut, wie ich in Amsterdam einfuhr, bei leichtem Regen, und die erste Ortstafel sah. Ich hatte es geschafft! Ohne Panne, ja sogar ohne Muskelkater oder Schmerzen! Mir liefen die Tränen über die Wangen. Ich dankte Gott für das Gelingen, den Schutz, die guten Begegnungen unterwegs. Die intensive Zeit mit Gott, die unzähligen Stunden im Gespräch mit dem Herrn. Ich habe herausgefunden, dass ich beim Radfahren am besten mit Gott kommunizieren kann (darum muss ich so weit fahren …). Reden, hören, lachen, weinen, singen. Einfach still sein und geniessen. Mit dem Fahrtwind fliegen mir neue Ideen zu. Beim Radfahren erkenne ich, wie es mir geht. In den ersten Jahren hatte ich vor jeder kleinsten Steigung eine Krise. Heute sind es für mich gesunde Herausforderungen. Wobei ich zugebe, dass Bergpässe, zum Beispiel unsere schönen Schweizer Alpen, nicht meine Stärke sind. Ich habe es probiert, aber dazu fehlt mir die Kraft. Doch die anderen Steigungen auf solch einer weiten Fahrt kann ich überwinden, das weiss ich inzwischen.

Beim Planen einer solchen Fahrt muss man auch an die Rückfahrt denken. Auf dem Rheinschiff ist es ausdrücklich verboten, Fahrräder mitzunehmen. So klärte ich alle anderen Möglichkeiten ab. Doch diese sind entweder nur machbar, wenn man als Passagier mitreist, oder dermassen teuer, dass man das Rad in Amsterdam besser in den Rhein wirft und sich zu Hause ein neues kauft … Zu guter Letzt entschied ich, auf Risiko mein Fahrrad mit aufs Schiff zu nehmen. Ich reiste ja alleine und hatte auf dem Schiff eine Kabine für mich alleine (für die ich sehr viel zusätzlich bezahlen musste). Ich hatte eine Velotasche dabei, in der das Rad verpackt werden konnte. Am Tag des Boardings sass ich also mit meinem Gepäck am Quai und harrte der Dinge. Ich war sicherheitshalber sehr früh. Ein Matrose kam gesprungen und packte mein gesamtes Gepäck, um es aufs Schiff zu bringen, nachdem er meine Boardingkarte kontrolliert hatte. Bei der Velotasche sah man natürlich, dass da ein Fahrrad drin war. Aber es war ja nur ein Gepäckstück. Ich konnte ihm knapp im Laufschritt hinterherspringen! Et voilà, alles ging gut. Beim ersten Abendessen tauschten wir am Tisch aus, woher wir kamen und wie wir angereist waren. Schon am zweiten Tag ging es wie ein Lauffeuer durchs Schiff, dass da eine verrückte Schweizerin mit dem Rennrad angereist sei …

Im Laufe der sechstägigen Reise auf dem Rhein machten wir diverse Landausflüge mit dem Car. Die meisten Gäste waren paarweise unterwegs. Ich war ja ohne Begleitung, sodass neben mir immer ein Platz frei blieb. Ein älteres Ehepaar aus der ehemaligen DDR reiste mit ihrem zehnjährigen Enkel mit. Bei der ersten Carfahrt passierte es: Der 85-jährige Opa rastete aus, weil er nicht neben seiner Familie sitzen konnte. Der Reisebus war voll und die ganze Gruppe erstarrte; es sah fast so aus, als wollte er vor Wut handgreiflich werden. Die wenigen Schweizer, die dabei waren, riefen mir zu: «Pass auf, nun setzt er sich zu dir!» Ich antwortete ruhig: «Das ist gut, er darf sich ruhig zu mir setzen.»

Das tat er dann auch. Die Hälfte meines Sitzes hat er auch noch gebraucht, denn er war sehr korpulent. Ich fing an, mit ihm zu sprechen und ihm zuzuhören. Er beruhigte sich bald. Die nächsten Tage auf dem Schiff setzte ich mich immer wieder mal zu dem Senior hin. Dann rief er erfreut zu seiner Frau hinüber: «Schau mal, die reizende Dame aus der Schweiz setzt sich wieder zu mir!» Es war offensichtlich, dass niemand von der Reisegruppe sich gerne in seiner Nähe aufhielt. Alle mieden ihn und seine Familie. Er war nicht der Einfachste. Aber er hatte noch eine andere Seite. Er fing an, von sich zu erzählen. Innert kürzester Zeit kannte ich fast sein ganzes Leben. Er erzählte, was er in der DDR gegen seinen Willen tun musste, um seine Familie durchzubringen. Er weinte. Erzählte von seinen Depressionen. Ich erzählte ihm von meinen Depressionen. Und dass es Hoffnung gebe bei Jesus. Beim letzten Frühstück auf dem Schiff verabschiedete ich mich von ihm. Ob er eine Bibel habe? Er bejahte. Wieder weinte er. Ich ermutigte ihn, darin zu lesen.

Ich habe den Kontakt nicht gesucht. Aber Berufung macht keinen Urlaub! Ich denke noch oft an ihn und seine Familie und wie es ihm wohl gehen mag.

Radtouren durch Europa

Das Erlebte spornte mich an, gleich die nächste Radtour zu planen. Diese führte mich von Zürich über Wien und Prag nach Dresden. Wieder ca. 1100 Kilometer. Alles Städte, in denen ich noch nie gewesen war. Von Linz bis Wien führte die Tour an der Donau entlang. Ich liebe es, an Gewässern entlangzufahren. Erstens ist es schön und beruhigend. Und zweitens ist es eben und angenehm zum Fahren … Mein Ziel war, in Wien ein echtes Wiener Schnitzel zu geniessen. Das tat ich dann auch. Dann noch einen Wiener Eiskaffee. Danach war ich immer noch hungrig. Ich bezahlte und ging in das übernächste Kaffee, um noch ein Banananensplit zu verdrücken. Das ist das Angenehme bei den Velotouren, dass man mehr Kalorien verbraucht als üblich!

Von Wien in Richtung Prag ist die Landschaft völlig anders. Und mir wurde bewusst, dass ich erstmals in einem Land war, wo ich die Sprache absolut nicht verstand. Keine Chance! Allerdings sprechen in Tschechien viele Bewohner Deutsch, eher noch als Englisch. Und die Bevölkerung ist unglaublich freundlich und hilfsbereit. Mein Navi fand die Ortschaften problemlos. Aber mit der Adresse eines Hotels in Znojmo war es überfordert. So stand ich etwas hilflos auf dem Dorfplatz und fragte einen jungen Passanten, der weder Deutsch noch Englisch konnte, nach dem Weg. Zum Glück hatte ich die Reservation mit der Adresse des Hotels ausgedruckt. So machte er mir schlicht ein Handzeichen, ihm zu folgen. Er ging mir voraus und führte mich bis zum Hotel. Ich war sehr berührt.

Während dieser Radtour war es fast durchgehend über 35 Grad Celsius. Ich fuhr jeden Morgen um vier Uhr los, aber selbst da war es schon sehr warm. Dann gab es Probleme mit den Klickpedalen, was vor Ort nicht repariert werden konnte. Zudem ist der Verkehr in Tschechien nicht sehr velofreundlich. Ich habe selten bis nie Angst, selbst wenn ich durch Grossstädte fahre. Aber dort wurde es mir doch ein wenig ungemütlich. Der Strassenbelag ist schlecht, es hat viele tiefe Schlaglöcher, die die Räder ruinieren können. So entschied ich, die letzten zwei Tagesetappen der Tour mit öffentlichen Verkehrsmitteln zurückzulegen. Denn Dresden wollte ich unbedingt sehen; das Hotel war ja schon gebucht und Zeit hatte ich ebenfalls. Auch diese Reise wurde zu einem unvergesslichen Erlebnis.

Radtour nach Paris

Die nächste Radtour führte mich nach Paris. Die Landschaft war völlig anders als bei meinen vorhergehenden grossen Touren. Ich freute mich auf die Sprache, ich liebe Französisch. Einige Male wurde ich gefragt, ob ich aus Belgien sei. Oder Französin! «Pas mal!» Nicht schlecht! Die Strecke betrug 600 Kilometer, also sechs Tage Fahrt. Die ersten drei Tage war es eher hügelig, die nächsten drei Tage flach mit grossen Windrädern in der Landschaft. Entsprechend war es windig. Und natürlich immer Gegenwind. Das ist einfach so beim Radfahren: Man hat immer Gegenwind. Und wenn man umkehrt, hat man wieder Gegenwind …

Auf dieser Fahrt war es unumgänglich, die Etappen vorzubereiten und die Hotels im Voraus zu buchen. Auf der Strecke hatte es nur wenige Ortschaften und fast keine Übernachtungsmöglichkeiten. Am zweiten Tag regnete es ununterbrochen und der Himmel war bedeckt. Vor lauter Regentropfen sah ich schon nach einer Stunde Fahrt nicht mehr klar aufs Navi-Display und wischte mit der Hand darüber. Das war keine gute Idee. Damit verstellte ich nämlich das Programm. Ich lud die Tagesetappe nochmals hoch. Auch das war keine gute Idee. Bei jeder Etappe ist der Startpunkt sozusagen das erste Zwischenziel. Aber da ich bereits unterwegs war, führte mich das Navi nun zum Anfangspunkt zurück, wo ich am Morgen gestartet war. Das bemerkte ich jedoch nicht, weil es komplett bewölkt war und ich stundenlang nur zwischen gigantischen Maisfeldern durchfuhr, sodass ich mich weder am Sonnenstand noch an der Landschaft orientieren konnte.

Nach 50 Kilometern, kurz vor Mittag, sichtete ich eine Fabrik, die mir irgendwie bekannt vorkam. Ähm, gab es hier zweimal eine ähnliche Fabrik? Oder war ich etwa im Kreis gefahren? Nein, das konnte nicht sein …! Doch, es war so. Ich überlegte, was passiert war und warum, damit ich denselben Fehler nicht nochmals machte. So lud ich die Tagesetappe noch einmal und löschte das erste Zwischenziel. Und nun erkannte ich an mir selber, wie ich mich innerlich in den letzten Jahren verändert hatte und stark geworden bin. Keine Sekunde haderte ich, aufgeben war keine Option. Ich dachte zielorientiert. Mir war bewusst, dass ich heute 150 Kilometer machen würde, und das bei regnerischem, kühlem Wetter. Zu essen hatte ich nur meine Schokoriegel, denn unterwegs gab es weder Restaurants noch die Möglichkeit, irgendetwas Essbares einzukaufen. Aber ich hatte ein Ziel vor Augen und das wollte ich erreichen.

Ich nahm mir im Kopf Zwischenziele von zehn Kilometern vor. Und die schaffte ich, eines nach dem andern. Ich betete Gott an für das, was er in und mit mir getan hatte in den letzten Jahren. Irgendwie ist diese Fahrt für mich zu einem Gradmesser geworden, wie Gott meinen Geist gestärkt hat. Ich musste daran denken, wie ich nur ein Jahr vorher völlig erschöpft infolge des epileptischen Anfalls darniederlag oder ein paar Jahre davor durch die Krebserkrankung, kaum fähig, eine Treppe zu bewältigen. Und jetzt sass ich hier im Sattel mit dem Ziel Paris. Es war eine Anbetungsfahrt.

Abends um 19 Uhr kam ich müde und glücklich im Hotel an – nur um festzustellen, dass es ein Garni-Hotel war ohne Restaurant. Nach der Dusche fragte ich an der Rezeption, wo das nächste Restaurant sei. Es sei Sonntag, da hätten die meisten Lokale hier geschlossen, bekam ich zur Antwort. Aber 20 Minuten zu Fuss sei ein Pizza-Fastfood-Lokal. Mir war alles recht, ich hatte nun grosszügig Hunger und gönnte mir eine Pizza!

Die letzte Nacht vor Paris buchte ich ein hübsches Hotel, eine umgebaute Mühle. Die Chefin fiel fast in Ohnmacht, als sie mich sah und hörte, woher ich kam und wohin ich wollte. Sie meinte, sie schaffe es nicht mal mit dem Fahrrad ins Dorf zur Bäckerei … Am nächsten Morgen begegnete mir ein Strassenarbeiter, der mit einem Bickel den Strassenbelag bearbeitete. Als er mich auf dem Rad vorbeifahren sah mit meinen Gepäcktaschen, meinte er mitleidig: «Je vous plains!» Ich dachte bei mir: «Ich bedaure dich noch viel mehr mit deinem Bickel alleine auf weiter Flur!»

Auch hier war es überwältigend, die erste Ortstafel von Paris zu sehen. Bald würde ich am Ziel sein … dachte ich. Und fuhr und fuhr und fuhr durch … Nach drei Stunden Fahrt durch die Grossstadt meinte ich, nun müsste doch endlich der Eiffelturm zu sehen sein, und hielt an, um Ausschau zu halten. Denn ich kam vom Osten her, wo man von einer Erhöhung über die Stadt sieht. Man sah den Eiffelturm nicht. Beim Navi kann man feststellen, wie weit es ist bis zum Zielpunkt. Immer noch 30 Kilometer bis ins Zentrum! Na gut, dann los! Ich hätte wissen müssen, dass Paris eine Grossstadt ist. Überglücklich kam ich im Hotel an.

Am zweiten Tag meines Aufenthalts war ich mit dem Rad unterwegs in der Stadt, da ich abends mit dem TGV wieder Richtung Zürich nach Hause fahren würde. Ich wollte unbedingt die Champs Élysées hinunterfahren – wie die Grossen! Das ist mir auch gelungen, ebenso im Kreis um den Arc de Triomphe herum und bis zur Mitte. Es war ein tolles Erlebnis, mit dem Rennrad dort zu stehen. Witzig ist ja, dass von diesem Kreis acht Strassen in alle Richtungen wegführen und nur eine berühmt (und teuer) geworden ist. Ein amerikanischer Tourist fragte mich prompt etwas hilflos: «Which one is the ‹tschämp eleisis›?»

Am Ende des Nachmittags fuhr ich in vier Stunden und sechs Minuten mit dem TGV nach Zürich zurück. Vom Hauptbahnhof fuhr ich die sechs Kilometer nach Hause und stellte das Rad in den Keller. Zwei Wochen später wollte ich das Fahrrad in den Service bringen. Und siehe da: Ein Reifen war platt! Fast fröhlich darüber brachte ich das Velo dem erstaunten Velomechaniker! Glücklich, weil der Reifen erst jetzt platt war. Unterwegs hatte ich nie einen platten Reifen gehabt, alles war immer gut gegangen. Danke, Herr!

Radtour nach Hamburg

Mein nächstes Ziel mit dem Rennrad war Hamburg. Einige Jahre musste ich die Reise verschieben, weil ich entweder nicht fit genug war oder während der Covid-19-Pandemie nicht ins Ausland reisen konnte. Doch endlich war es so weit. Für die Vorbereitung der Etappen brauchte ich relativ lange. Es gibt viele Möglichkeiten, durch Deutschland zu fahren. Da die Reise das Ziel war, notierte ich mir, was ich zu sehen beabsichtigte. Ich wollte unbedingt an der Donau und der Elbe entlangfahren. So fuhr ich 1120 Kilometer in zwölf Tagen bei herrlichem Wetter. Am ersten Tag, kurz vor dem Ziel, hatte ich einen platten Reifen. Ich nahm es mit Fassung, denn ein halbes Jahr vorher hatte ich einen Veloflickkurs besucht. So reparierte ich das Rad und fuhr weiter. Es blieb die einzige Panne auf der ganzen Reise. Irgendwie hat es das gebraucht, damit ich weiss: «Ich kann das. Ich schaffe es, einen Platten zu flicken.»

Das erste Ziel war ein wunderschönes Hotel direkt an der Donau. Da es einen Donau-Radweg gibt über die ganze Länge des Flusses, waren entsprechend viele Radfahrer anwesend. Mit einem älteren Ehepaar kam ich ins Gespräch. Da sie etwa gleich viel Gepäck auf dem Rad hatten wie ich, fragte ich sie, ob sie ebenfalls länger mit dem Rad unterwegs seien. Sie lachten schallend und meinten, sie hätten einfach immer genug dabei für alle Fälle. Sie machten kurze Tagesausflüge vom Hotel aus. Sie erschraken fast, als ich sagte, ich sei an dem Tag von Zürich an die Donau gefahren. Das sei doch sehr weit! Ich antwortete, dass das nur etwa 95 Kilometer seien. Die beiden erklärten, dass sie täglich 10 bis 20 Kilometer machten – mit dem E-Bike. Ist doch gut so; Hauptsache, ihr bewegt euch!

Weiter nördlich fuhr ich durch weite, einsame Gegenden. Irgendwann dachte ich, jetzt sollte ich eine Toilette haben. Mein Plan, in die Büsche zu verschwinden, wurde schnell zerschlagen: Alle paar Kilometer warnte eine Tafel vor dem Eichenprozessionsspinner. Das ist eine Raupe, die auf der Haut heftige Ausschläge hervorrufen kann. Ich bin es gewohnt, mit allen Anliegen zu Gott zu gehen. Es gibt nichts, was ihm zu klein oder zu gross, zu kompliziert oder zu unwichtig wäre. So sagte ich Gott auch dieses Anliegen. Nach wenigen Kilometern fuhr ich an ausgedehnten Spargelfeldern vorbei, es waren aber gerade keine Arbeiter zugegen. Und – direkt neben meiner Strasse stand ein mobiles Toilettenhäuschen! Ich hielt an und schaute überrascht nach oben: Als ob es an einem Seil direkt vom Himmel heruntergelassen worden wäre … Es war fast kurios, in dieser einsamen Gegend ein Toilettenhäuschen zu finden, dazu sauber und sogar mit WC-Papier ausgerüstet. Wow, danke, Herr – du sorgst wirklich für alles!

In einer Tagesetappe verfuhr ich mich schon am Morgen. Der Elbe-Radweg ist nicht immer klar signalisiert. So musste ich umkehren und wusste, dass ich 15 Kilometer zusätzlich machen würde. Da ich die Hotels im Voraus buche, gebe ich die Hoteladresse ins Navi ein. So war ich dankbar, als mir eine Verkehrstafel ankündigte, dass ich in vier Kilometern mein Ziel erreichen würde. Als ich dort ankam, war aber weit und breit kein Hotel zu sehen. Ein Passant erklärte mir, ich müsse noch zehn Kilometer fahren bis zu diesem ausserhalb des Dorfes gelegenen Hotel. Zehn zusätzliche Kilometer sind viel, wenn man schon 120 in den Beinen hat und müde ist. So machte ich mich nochmals auf und sprach mir selber Mut zu. Dieses Hotel war eines der schönsten, wo ich je übernachtet habe, in einem unglaublich idyllischen Park gelegen mit vielen Tieren und Vogelgezwitscher. Da wäre ich gerne noch ein paar Tage geblieben. Im Übrigen entschied ich laufend neu, ob ich der Elbe entlangfahren oder einen anderen Weg nehmen wollte. So erreichte ich topfit und überglücklich mein Ziel Hamburg.

Ich habe weitere Ziele, oder besser gesagt: Träume, die ich mit dem Fahrrad erkunden möchte. Ich freue mich, diese unter die Räder zu nehmen!

7. Das Abenteuer geht weiter

Die Heuschreckengeschichte

In dieser Zeit hatte ich eine starke Begegnung mit Gott, und zwar am Arbeitsplatz. Es war einer der strengsten Arbeitstage innerhalb des Monats. Das ist immer dann der Fall, wenn wir die Monatsrechnungen ausstellen oder ich die Löhne der Mitarbeitenden rechne und auslöse. An diesem Tag kam datumsbedingt beides zusammen. Ich arbeitete hoch konzentriert am Computer. Es gibt Arbeiten, wo man gedanklich etwas abschweifen kann oder mit dem Ohr noch ein wenig woanders ist. Aber das war hier definitiv nicht möglich.

Und trotzdem war es, wie wenn meine Konzentration durchbrochen würde und Gott zu mir spräche – nur einen einzigen Satz, so wie im Kino der Streifen unterbrochen und eine Werbung eingeblendet wird. Dieser Satz lautete: «Du denkst immer, du seist nur eine Heuschrecke, und meinst, andere würden dich nur als Heuschrecke sehen.» Dann war die «Einblende» vorbei und ich war wieder bei der Arbeit. Allerdings waren die Worte so eindrücklich und hoben sich vom Inhalt meiner Arbeit so stark ab, dass ich eine Pause einlegen musste. Es war offensichtlich, dass der Herr mir etwas sagen wollte, und dem wollte ich mich widmen.

Zuerst durchströmte mich ein tiefer Friede: «Wow, der Herr besucht mich an der Arbeit!» Klar wusste ich, dass er immer da ist. Ich bin ein Tempel seines Geistes. Aber Besuche haben mich schon immer erfreut, berühren mich. Und wenn es ein Besuch ist vom lebendigen Gott und er mir so klar eine Botschaft hat, dann bedeutet mir das sehr viel. Ich schrieb mir die Worte sofort auf, um sie auf keinen Fall zu vergessen. Am Abend bewegte ich sie nochmals im Gebet und seitdem noch viele Male. Die «Heuschreckengeschichte», wie ich sie seitdem nenne, kommt ja vor im Alten Testament, als Mose die zwölf Kundschafter ausschickte, das verheissene Land zu erkunden. Zehn von ihnen sehen das Land als zu stark an, von Riesen bewohnt. Völlig unmöglich, das Land einzunehmen. Zwei aber, Josua und Kaleb, sehen wohl die Riesen und die starken Städte – aber vor allem sehen sie die Verheissung ihres Gottes, der ihnen das Land geben will und der mit und für Israel ist. Die zehn zweifelnden Kundschafter sagten dann zu Mose und dem Volk: «Wir sind vor ihnen wie Heuschrecken und diese Völker sehen uns auch wie Heuschrecken!»

Dieses gehörte Wort vom Herrn ermutigt mich bis heute. Seine Wahrheit soll mein Denken prägen und nicht mein altes Lebensmuster, das negativ und ungöttlich ist!

Wüstenzeit

Im Geschäft gab es einige entspannte Jahre. Zunehmend meldete sich in mir aber eine heilige Unzufriedenheit. Es war mir nicht genug, den Rest meines Arbeitslebens in einer Wohlfühlzone zu verbringen. Ich begann, darüber zu beten, was in dem Wort «Mahlzeitendienst» noch stecken könnte. Und was Gottes Wille wäre für mein Leben. Immer wieder war auch die Frage, wie gross denn das «Gourmet Domizil» werden sollte. Das hatte Gott damals bei seiner Antwort auf meinen Hilfeschrei nicht gesagt. Aber nun war ich bereit für die nächste Etappe.

Ich fing an, mir Gedanken zu machen, ob und wie das Geschäft wachsen sollte. Wir waren an einem Punkt angelangt, wo wir entweder stagnieren oder aber wachsen könnten. Letzteres aber würde bedeuten, dass wir eine grössere Produktionsküche bräuchten und auf allen Posten mehr Personal und natürlich die nötigen Finanzen, um das umzusetzen. Ich suchte mir einen Coach, weil ich merkte, dass ich alleine nicht weiterkam. Die ganze Aufgabe wurde nun doch gross. Ich musste und wollte mich und die Firma weiter professionalisieren. Die Küche unseres Restaurants war dafür definitiv zu klein und die Infrastruktur zu alt. Uralt. Es wäre sehr viel zu erneuern gewesen. Und das lohnte sich nicht. Viele Fragezeichen!

Alles war zu klein und zu eng, es wurde eine Zumutung zu arbeiten. Auch für die Fahrer wurde es eng vor dem Haus zum Parken. Es war einfach zu wenig Platz vorhanden. Mehrfach kam die Polizei vors Haus wegen Parkproblemen beim Restaurant, weil wir an einer Quartierstrasse waren. Alle 30 Minuten fuhr dort ein öffentlicher Bus durch, der durch unsere zahlreicher werdenden Lieferfahrzeuge behindert wurde. Der Bus musste den Fahrplan einhalten und hatte natürlich kein Verständnis für uns …

Und bei all dem Prüfen und Fragen brach der Umsatz plötzlich ein. Und ich wusste nicht, warum. Wenn ich es gewusst hätte, hätte ich entsprechend reagieren können. Aber ich wusste es einfach nicht. Auch alles Beten und Flehen zu Gott brachte mir keine Antwort. Da ich immer eine ehrliche und offene Beziehung zu den teilweise langjährigen Lieferanten pflegte, konnte ich manche hohe Rechnung mit Verspätung bezahlen. «Du bekommst dein Geld ganz bestimmt, einfach etwas später!» Das war immer okay und für mich in dieser Zeit eine grosse Hilfe. Mir selber zahlte ich nur so viel Lohn, wie ich brauchte, um meine Rechnungen zu bezahlen. Trotzdem verfolgte ich das Ziel einer Vergrösserung weiter. Die ganze Firma war ja ohnehin über meinen Möglichkeiten und lehrte mich, abhängig zu sein vom Herrn. Ich hielt daran fest, dass es Gottes Firma ist. Da kommt es nicht darauf an, ob es 100.000 oder zwei Millionen Franken sind, die fehlen. Das war und ist auch heute mein Glaube.

Zu der Zeit unterstützte mich eine Person aus meinem Freundeskreis regelmässig mit Ermutigung und Gebet. Ich erzählte ihm von meiner finanziellen Not und bat um Fürbitte. Ich wusste nicht, dass er selber über ein grösseres Vermögen verfügte. Völlig unkompliziert und spontan bot er an, mir 100.000 Franken als zinsloses Darlehen zu überweisen. Zwei Tage später war der Betrag bereits auf meinem Konto! Ich war völlig überwältigt und dankbar.

Die Zeit der Flaute hielt noch etwa ein, zwei Jahre an. Und so wie sie gekommen war, ging sie auch wieder weg und unsere Dienstleistung blühte erneut auf, grösser denn je. Rückblickend glaube ich, dass es für mich eine Zeit der Prüfung gewesen ist. War mein Charakter bereit, mehr Erfolg zu «ertragen»? Würde ich an Gott festhalten oder den Erfolg mir selber zuschreiben? Es war eine Wüstenzeit, wo ich viel gelernt habe und mein Glaube gewachsen ist. Warum es auf diese Weise geschehen ist, darauf habe ich keine Antwort. Aber das muss ich auch nicht. All die Lebensgeschichten in der Bibel sind nicht anders. Aber sie zeigen Gottes Grösse, Treue, Liebe, Macht. Und das tut er in meinem Leben auch. Mehr brauche ich nicht zu wissen. Es sind diese schwierigen Zeiten, wo mein Glaube am stärksten wächst. Auch das Volk Israel musste zuerst durch die Wüste, bevor sie ins verheissene Land kamen. Selbst Jesus wurde vom Geist Gottes (!) in die Wüste geführt, bevor sein Dienst begann. Wüste ist eine Zeit der Chance und des Lernens.

Bauprojekt

Nun wusste ich definitiv, dass ich eine grössere Produktionsküche suchen wollte. Ein Restaurant wollte ich nicht mehr unbedingt, doch eine Grossküche ohne Gastbetrieb zu finden war eher unwahrscheinlich. So blieb die Idee, selber eine Grossküche zu bauen. Durch Kontakte fand ich Investoren, die soziale Projekte mit Darlehen unterstützten. Erste Baupläne und Kontakte mit Bauprofis ergaben, dass das Projekt sich für 500.000 Franken umsetzen lassen würde. Der Betrag wurde mir sofort zugesprochen. Ich war glücklich und investierte viel Zeit in die Suche nach einer geeigneten Immobilie. Diese wurde dann auch gefunden in einer Fabrikhalle in Regensdorf. Es konnte losgehen.

Ein Architekt begann mit ersten Berechnungen und Abklärungen. Bald mussten wir aber feststellen, dass eine neue Grossküche unter allen Auflagen und Gesetzen nicht unter zwei Millionen Franken gebaut werden konnte. Eine schwindelerregende Zahl! In einem Bauprojekt sind so viele Bestimmungen einzuhalten. Eine ganze Reihe von Ämtern hat seine Bestimmungen, die umzusetzen sind im Blick auf Umwelt, Brandschutz, behindertengerechtes Bauen usw. Immer im Gebet nach dem nächsten Schritt und dem Willen Gottes fragend, ging ich Tag um Tag voran. Mittlerweile hatte ich im «Lerchenberg» die Ankündigung des Lebensmittelinspektorats, ohne eine Radikalsanierung nur noch bis Ende 2016 bleiben zu dürfen; der Zustand der Küche wurde nicht mehr akzeptiert. Weil ich ihm glaubhaft machen konnte, dass ich aktiv eine neue Küche suchte, verzögerte er die Schliessung. Aber der Termin war gesetzt.

Inzwischen zahlte ich bereits Miete für die Fabrikhalle, es musste laufend entschieden werden, wie und was wir weitermachten. Von den Investoren hatte ich mich getrennt, die Zusammenarbeit war nicht hilfreich. Nur weil ich Geld bekomme für mein Projekt, heisst das nicht, dass ich nichts mehr zu sagen habe. Ich wusste, wie meine Firma läuft und was ich in der Zukunft wollte und wie daher die Geschäftsräumlichkeiten auszusehen hatten. Die Vorstellungen der Investoren waren dagegen von Gewinninteressen dominiert; die Bedürfnisse meiner Firma waren zweitrangig. Es ging sogar so weit, dass ich eine Zahlung für bereits geleistete Stunden verweigerte und eine Betreibung aushielt, weil ich den Eindruck hatte, dass die berechnete Arbeitsleistung nicht korrekt war. Der Bauleiter nahm dann von der Betreibung Abstand. Es lehrte mich, dass auch sozial tätige Organisationen nicht immer sozial denken, sondern schlussendlich hauptsächlich Gewinn sehen wollen. Mich hat diese Situation enorm gestärkt. Ich, die kleine Gastronomin, die von Bauen und Finanzen keine Ahnung hat, widersetzt sich einem Team von fünf finanzstarken und bauerfahrenen Profis! Ich bekam dann noch eine Mail, wie enttäuscht sie von mir seien. Das ist okay. Mittlerweile konnte ich das aushalten. Mein Entscheid war richtig.

Ich fragte dann bei Banken nach Krediten. Aber das war aussichtslos. Gastronomie ist ein Gewerbe, das für die Banken zu unsicher ist. Auch wenn ich mit dem Mahlzeitendienst ein Spezialfall bin, der Zukunft hat, mehr als ein Restaurant. Wir sind weder von der Wirtschaft noch vom Wetter abhängig. Eine Bank wollte mir einen Kredit geben, jedoch zu neun Prozent Zinsen! Das wollte ich wiederum nicht.

Ich lernte ein Ehepaar kennen, das ein grosses und dienendes Herz für Menschen hatte. Ich war schon länger auf der Suche nach einer Person für die Geschäftsleitung, um die Verantwortung zu teilen. Im Gebet bekam ich den Eindruck, ihn für diese Stelle anzufragen. Nach einer Bedenkzeit sagten sie zu. Was ich auch diesmal nicht wusste: Beide verfügten durch ein Erbe über Vermögen, das sie für etwas Soziales oder Christliches einsetzen wollten. So war ich völlig überrascht, als sie mir eröffneten, dass sie und auch zwei ihrer Freunde ihr Vermögen als Darlehen für mein Bauprojekt einsetzen möchten. So konnten wir weiterplanen.

Eine Architektin übernahm die Planung für Küche, Anlieferung, Büros, Abwasserkanäle, Abluft, Fettabscheider, Parkplätze, Mitarbeitergarderoben usw. Bei jeder Sitzung hörten wir als Erstes, dass die Bausumme höher sein werde. Zu dieser Zeit hatte ich einen Baufachmann aus meinem Bekanntenkreis zur Seite, der gerade arbeitslos war. Aus Begeisterung über mein Projekt stand er mir zur Seite und beriet mich professionell in allen Bereichen. Ich hatte ja keine Ahnung von der Baubranche. Das war ein

Geschenk des Himmels und sehr ermutigend. In der gesamten Zeit des «Gourmet Domizil» hat Gott mir immer wieder Menschen über den Weg geschickt – mit Beratung, Finanzen, Ermutigung und konkreter fachlicher Arbeit. Ich liebe Gottes Zeitmanagement! Ich erinnere mich gut an eine Bausitzung. Der Verantwortliche für den Bauablauf präsentierte den Bauplan. Aber da war ein Tippfehler auf dem Plan: Statt Regensdorf hatte er Segensdorf geschrieben! Ich sagte nichts, aber mein Herz jubelte. Das nehmen wir in Anspruch, das soll ein Segen sein und bleiben! So cool. Unser Gott hat Humor! Noch heute rede ich meistens von Segensdorf …

Mittlerweile hatten wie die Baubewilligung und sogar schon die Baufreigabe. Das nötige Geld hatten wir fast komplett zusammen. Ich war am Beten, aber ich spürte einen Unfrieden, der mich mit dem Baubeginn zögern liess. Die Architektin wurde ungeduldig. Es war Anfang Mai 2016 und ich versprach ihr, Ende Mai das «Go!» zu geben, damit im Juni mit Bauen gestartet werden könnte.

Ein grösseres Restaurant zu meinem 50. Geburtstag

Am 23. Mai 2016 rief mich mein Metzger an. Er wusste von meinem Vorhaben, eine grössere Küche zu suchen. Ich hatte ihn eingeweiht, weil er sehr viele Betriebe im Raum Zürich kannte und oft als Erster wusste, wenn ein Betrieb verkauft oder geschlossen wurde. Er gab mir eine Telefonnummer mit dem dringenden Rat, dort anzurufen. Gerüchteweise habe er gehört, dass ein grosses Restaurant in Regensdorf zu verkaufen sei. Zuerst dachte ich: «Ich kann doch nicht einfach einen Fremden anrufen, um zu fragen, ob sein Betrieb zu verkaufen sei!» Aber mittlerweile war ich kühn geworden. (Noch 15 Jahre zuvor hatte ich panische Angst vor dem Telefonieren gehabt!)

So wählte ich die Nummer und brachte meine Frage vor. In der Leitung wurde es still. Ja, das Restaurant sei zu kaufen, kam schliesslich als Antwort. Wir machten einen Termin ab, ich wollte es baldmöglichst anschauen. Ich weiss noch genau, wie ich das erste Mal das Restaurant «Meal & More» in Regensdorf betrat. Genau wie beim ersten Mal im «Restaurant Lerchenberg» 15 Jahre vorher dachte ich: «Wow, ist das riesig!» Nur war es noch ein paar Nummern grösser. Ein Restaurant mit 500 Plätzen (plus 100 auf der Terrasse) und einer entsprechend grossen Küche. Ich sah sofort, wo wir die Verpackerei haben und wie der Produktionsablauf da reinpassen würde.

Beim anschliessenden Gespräch nannte der Besitzer seine Bedingungen. Unter anderem brauchte er eine schnelle Entscheidung meinerseits, denn er hatte bereits einen Käufer, mit dem er in Schlussverhandlungen stand. Ich fragte ihn, warum er mir den Betrieb denn dann noch zeige. Er finde meine Firma und mein Engagement toll und würde mir das Geschäft anbieten, wenn ich es wolle, so seine Begründung. Er liess mich den Betrag der Anzahlung wählen und die Frist, die ich für die Abzahlung der Restsumme brauchte. Nach intensivem Gebet und Beratung mit diversen Personen sagte ich zu. Obwohl ich schon viel Geld ins Bauprojekt investiert hatte, kündigte ich die Miete in der Lagerhalle und brach das Bauvorhaben ab. Es war der letztmögliche Zeitpunkt vor dem Baubeginn.

Wow, danke, Herr! Wieder der perfekte göttliche Zeitplan. Zwar hatte ich schon über 250.000 Franken ins Projekt investiert, aber das war wertvolles Lehrgeld für mich. Auch dies war ein «Training», dessen Ergebnis ich nicht durch Bücher oder Seminare hätte lernen können. Das Aushalten der schwierigen Situationen und Begegnungen hat mich wesentlich gestärkt und vorbereitet auf das, was kommen würde. Dieses Angebot war einfach top. Die Küche hatte eine gute Grösse. Im Keller waren ideale Räume für die Verpackerei und es gab unzählige Kühlzellen. Und immer noch war Raum genug für eventuelle spätere

Veränderungen und Umbauten. (Zwei Jahre später optimierten wir im Keller die Kühlzellen, da wir kontinuierlich wuchsen.) Auch die Parkplätze für die Fahrer waren ideal zum Einladen.

Zwar hatte ich nun wieder ein Restaurant. Aber da hatte der Herr mir einen Herzenswunsch erfüllt: Es war schon immer mein Traum gewesen, ein grosses Selbstbedienungsrestaurant zu führen, so wie ich es während der Ausbildung kennengelernt hatte. Aber wie so vieles schien es mir derart unmöglich und verrückt, dass ich es weder ausgesprochen noch darum gebetet und schon gar nicht gesucht hatte. Aber unser Herr kennt unsere Herzenswünsche! Dieses Selbstbedienungsrestaurant war noch viel grösser und schöner, als ich es je gesehen hatte. Ich hatte gar nicht gewusst, dass es so etwas gibt. Es sah überhaupt nicht aus wie eine typische Kantine. Das Lokal war sehr schön ausgestattet und konnte gut für unsere Seniorenfeste genutzt werden. Alles war ebenerdig und ideal für die Senioren mit Gehstöcken und Rollstühlen.

Plötzlich ging alles sehr schnell. Ich klärte die rechtlichen Punkte ab, die Verträge der Mitarbeiter mussten angepasst und die bestehenden Lieferanten beider Firmen verglichen werden. Aber das Schönste war, dass ich kurz darauf meinen 50. Geburtstag feiern konnte und ich mir das neue Restaurant sozusagen selber schenkte. Wer kann das schon! Ich plante, im «Lerchenberg» ein Fest zu machen mit meinen Freunden. Es war mein erstes Fest dort in eigener Sache und auch mein letztes. Zugleich war es der Abschied vom «Lerchenberg». Was für ein Abschluss!

Trotz aller Vorfreude hatte ich auch schlaflose Nächte. Unter anderem zweifelte ich, ob wir es schaffen würden, auf einen Schlag ein paar Hundert Menüs pro Tag zusätzlich zu produzieren. Wieder suchte ich Antwort und Hilfe beim Herrn. Ich fragte ihn, ob es eine vergleichbare Situation in der Bibel gebe, wie ich sie gerade erlebte. Da schien es mir, als würde Jesus lächeln, und ich hörte, wie er sagte: «Ich habe 5000 Leute versorgt. Und das nach einem Predigt- und Heilungsdienst!» Das berührte mich. Ja,

Jesus kennt alle unsere Herausforderungen. Er lebte als Mensch auf dieser Erde und weiss, was uns begegnet. Ich wusste, dass er mir konkret beistehen würde bei dem, was mir bevorstand. Und so war es auch. Wieder eine Situation, wo ich zwar selber durchgehen musste – aber nicht alleine!

Mitarbeiterführung

Meine Mitarbeiter wussten schon länger, dass eine Veränderung anstand und ich etwas Neues suchte. Ich lud sie ein zu einem Apéro, um sie konkret zu informieren. Endlich konnte ich ihnen Zeit und Ort des Umzugs mitteilen. Und natürlich auch, dass es für alle weiterhin Arbeit geben würde. Für die einen würde es einen etwas weiteren Arbeitsweg bedeuten, für die anderen einen etwas kürzeren. Die Reaktion war genial. Die Mitarbeiter brachen in lauten Jubel aus und applaudierten begeistert. Jetzt war auch der Zeitpunkt, wo sie Fragen stellen konnten. Die Personen, die etwas weniger belastbar waren, wurden durch die Begeisterung der Kollegen mitgerissen. Die Mitarbeiter sprachen in der Wir-Form: «Wir gehen nach Regensdorf! Wir schaffen das! Wir freuen uns!»

Auch mich freute es riesig, dass das Team so gut funktionierte und zusammenhielt. Es ist wirklich ein Miteinander. Das Team selber äussert immer wieder, dass wir wie eine Familie seien. Alle sind füreinander da. Das begeistert mich! Selbst nach aussen ist das sichtbar. Auch unsere Kundinnen und Kunden sagen mir immer wieder, wir seien wie eine Familie. Kürzlich sagte eine Kundin am Telefon zu meiner neuen Büromitarbeiterin: «Willkommen bei ‹Gourmet Domizil›!» Selbst die Kunden zählen sich dazu!

Ausser einer Mitarbeiterin machten alle den Umzug mit. Meinen Leuten war durchaus klar, dass es für alle «Arbeit» bedeutet, wenn zwei Teams zusammengefügt werden. Das

Restaurant-Team am neuen Ort bestand aus acht Personen. Ausser dem Betriebsleiter übernahm ich alle. Dieser wäre zwar auch gerne geblieben, aber seine Arbeitskultur war völlig gegensätzlich zu der meinigen, ich wollte ihn auf keinen Fall im Team haben, schon gar nicht in leitender Stellung. Und das habe ich ihm auch so gesagt. In den vergangenen Jahren wurde mir das zu einem wichtigen Führungswert, dass die Chemie im Team stimmen muss, ebenso die innere Haltung. Wenn ich einen neuen Mitarbeiter, eine neue Mitarbeiterin einstelle, dann achte ich sehr auf mein Bauchgefühl, auf mein Herz, wenn man so sagen will. Zudem muss ein neues Teammitglied bereit sein, sich von einer Frau führen zu lassen. Wenn das nicht akzeptiert wird, liegt eine permanente Spannung in der Luft. Ich hatte das in einem anderen Fall schon angesprochen beim Bewerbungsgespräch und der Bewerber meinte, er habe kein Problem damit, eine Frau als Chefin zu haben. Aber schon in den ersten Tagen wurde deutlich, dass dies nicht so war. Vielleicht hatte er es ja selber noch nicht gewusst …

Nun wuchs mein Team auf einen Schlag von 35 auf 45 Mitarbeiter. Es machte mir Freude, es zu führen. Das Integrieren der beiden Mannschaften war tatsächlich nicht ganz einfach. Vor allem merkte man, wie unterschiedlich die beiden Teams vorher geführt worden waren. Die Mitarbeiter, die ich übernahm, waren im Grunde nicht geführt worden, sondern sich selber überlassen gewesen. So war es verständlich, dass jeder für sich arbeitete und auf das eigene Wohlergehen schaute. Jeder Einzelne von ihnen funktionierte in der «Ich-Form»: «Ich arbeite; ich will morgen freihaben; ich mache das nicht; ich, ich, ich …» Man konnte es ihnen letztlich nicht vorwerfen, es war nur natürlich, dass jeder für sein Überleben sorgte. Dafür gibt es ja Betriebsleiter und Chefs, um das zu steuern. Es kam mir vor, wie wenn eine intakte Familie Waisenkinder aufnimmt; es brauchte eine gewisse Zeit, um Vertrauen aufzubauen zu den neuen Mitarbeitenden.

Da wird gut sichtbar, wie sich das Arbeitsverhältnis vom Chef zum Mitarbeitenden auf die Arbeit auswirkt. Und schlussendlich auf die Leistung! Das erinnert an das, was mir meine Grossmutter mit über 90 Jahren von ihrer Lehrerin und Chefin erzählte, als sie ein Kind und eine junge Frau war: Sie wurde von der Lehrerin mit einem Stock verprügelt, weil sie nicht sagen konnte, wer ihr Vater war. Das prägt ein Leben lang, ob positiv oder negativ. Meine Kundinnen und Kunden erzählen oft aus ihrem Arbeitsleben. Das sind intensive Jahre. Nutzen wir diese Zeit, damit mehr als nur schöne Erinnerungen bleiben.

Unsere Betriebskultur ist «fehlerfreundlich»: Mindestens einmal im Jahr, am Mitarbeiterfest, sage ich, dass bei uns Fehler machen erlaubt ist. Unter zwei Bedingungen: Erstens muss man dazu stehen und zweitens daraus lernen. Auch ich mache Fehler und ich stehe dazu und versuche, daraus zu lernen. Im Übrigen kann ich sagen, dass in unserem Betrieb relativ wenige Fehler passieren und alle locker damit umgehen. Und soweit ich das beurteilen kann, stehen die Mitarbeitenden zu ihren Fehlern. Gemeinsam suchen wir dann mit ihnen eine Lösung. Wo wir gegenüber einem Gast oder Kunden etwas in Ordnung bringen müssen, ist es meine Erfahrung, dass der Kontakt danach umso besser ist. Denn es geht primär nicht um den Fehler, sondern was wir daraus machen. Nur so kann man sich weiterentwickeln.

Ich hatte auch schon Mitarbeiter, die zuerst lernen mussten, sich zu entschuldigen. Denn das ist Punkt eins. Es kann nicht sein, dass man sich herausredet, wenn wir ganz klar etwas falsch gemacht haben. Das ärgert mich und ist einfach nur peinlich. Aber auch da kann ich das Evangelium im Alltag vorleben. Und auch hier ist Punkt eins: Vergebung. Wir sollen Gott klar sagen, was wir getan oder gesagt haben. Wie befreiend! Sicher, oft haben wir bei Mitmenschen die üble Erfahrung gemacht, dass wir keine Vergebung bekommen, sondern Spott und Verachtung kassieren. Da will ich, dass unser Betrieb nach göttlichen Prinzipien läuft.

Das kann man nur bedingt in Worten predigen, aber umso deutlicher im Tun und Vorleben!

Als ich die ersten Mitarbeitenden rekrutierte, kam zum ersten Mal der Gedanke, Menschen eine Chance zur Arbeit zu geben, die nicht so belastbar sind für den ersten Arbeitsmarkt; ich habe schon davon berichtet. In den letzten Jahren im «Lerchenberg» waren wir als Team stark und eingespielt genug, um dieses Thema anzugehen. Ich wurde angefragt, einem Mann Anfang 50 eine Chance zu geben. Er war seit Jahren arbeitslos, ausgesteuert, hoffnungslos. Wir luden ihn zu einem Probetag ein. So konnte er seine zukünftige Arbeit und die Kollegen kennenlernen. Umgekehrt sollte das Team mitentscheiden, ob sie das wollten. Es bringt nichts, wenn ich vom Bürostuhl aus entscheide, eine weniger belastbare Person anzustellen, während das Team, das konkret mit ihm zusammenarbeitet soll, das gar nicht möchte. So sprach ich an dem Abend nach dem Probetag mit dem Team. Und sie antworteten alle mit grosser Bestimmtheit und Freude: «Ja, das wollen wir. Wir wollen diesem Mann eine Chance geben. Es ist okay, wenn wir eventuell Mehrarbeit haben, weil wir ihm helfen müssen.»

Wieder das Wir! Und einige Monate später war es dann wieder das Wir: «Wir haben ihm eine Chance gegeben! Wir konnten ihn integrieren! Wir haben es geschafft! Wir!» Was für eine Freude! Der Mann ist heute ein wertvolles Teammitglied, das seine Arbeit grossartig verrichtet. Er ist in der Lage, selber zu entscheiden, ob bzw. wann er das Pensum und die Belastung steigern kann. Schlussendlich war es ein Teamerfolg, dem Mann wieder Hoffnung und Arbeit gegeben zu haben. Diesem Beispiel folgten noch weitere dieser Art.

Die Rekrutierung von neuen Mitarbeitenden bleibt eine Herausforderung. Aber da ist mir das weiter oben berichtete Beispiel mit Eliane eine Ermutigung. Und eine Erinnerung daran, dass Gott der Chef der Firma ist. Er hat seine Möglichkeiten – und noch Humor dazu, wie er Gebete beantwortet! Wenn ich eine

Stelle offen habe, frage ich zuerst Gott, ob, wie und wo ich suchen soll. Manchmal habe ich inseriert. Anfangs noch in der Tageszeitung, später dann übers Internet und über meine Webseite. Vor wenigen Jahren kam die Stellenmeldepflicht vom Arbeitsamt. Seitdem müssen offene Stellen zuerst dort gemeldet werden, bevor man selber öffentlich suchen darf.

Je nach Stelle gibt es mal mehr und mal weniger Bewerbungen. Einmal suchte ich einen neuen Office-Mitarbeiter, früher nannte man das Casserolier, zu Deutsch Pfannenwäscher. Es meldeten sich so viele Bewerber, dass mein Mailaccount über Nacht zusammenbrach. Sehr oft fand ich neue Mitarbeiter über Empfehlungen meiner Angestellten. Das ist natürlich überzeugend. Und grundsätzlich suche ich ohnehin selten, da ich wenig Wechsel habe. Ich brauche meistens nur dann neue Mitarbeiter, wenn jemand pensioniert wird oder wir expandieren. Auch erhalte ich immer wieder Blindbewerbungen, Menschen, die einfach ihre Dossiers schicken, weil sie unbedingt bei «Gourmet Domizil» arbeiten wollen. Tatsächlich habe ich so schon einige Leute eingestellt. Auch da erlebe ich Gottes Hilfe konkret.

Ich erinnere mich, dass ich genau zu dem Zeitpunkt, als ich die Bestrahlungstherapie hatte nach der Krebsoperation, dringend zwei zusätzliche Fahrerinnen brauchte. Ich war völlig erschöpft und neben der Arbeit nicht erpicht darauf, mich auch noch um Mitarbeitersuche und Bewerbungsgespräche kümmern zu müssen. Ich bat den Herrn, mir doch jetzt geeignete Blindbewerber zu schicken. Sie kamen nicht. Ich «musste» inserieren und fand auf diesem Wege zwei Fahrerinnen. Und doch erlebte ich Gottes Hilfe eindrücklich. Wieder einmal nicht nach meiner Vorstellung, aber nach seiner besten Fürsorge. Ich hatte während des gesamten Prozesses die nötige Kraft für die Gespräche. Und es machte mich abhängiger von Gott und erfüllte mich mit tiefer Dankbarkeit! Manchmal frage ich mich, ob es uns auch so abhängig halten würde von Gott, wenn er unsere Gebete immer gleich und genau nach unseren Vorstellungen beantworten würde.

Dann ist mein Wunsch definitiv: Ich will abhängiger werden vom Herrn!

Die meisten Mitarbeiter sind langjährig in der Firma dabei. Aber auch wenn jemand geht und weiterzieht, sehe ich es als Erfolgsgeschichte an. In Menschen zu investieren und dann zu sehen, dass die Person weiterzieht und etwas bei uns gelernt hat, ist schön! Ich erinnere mich an eine Mitarbeiterin, die sehr selbstbewusst war. Nach einigen Monaten sagte sie mir, dass sie noch nie eine so anstrengende Stelle hatte, weil sie hier mit sich selber konfrontiert werde! Die Arbeit an sich war nicht anspruchsvoll. Aber sich auseinandersetzen mit sich selber, das war neu für sie. Im Bewerbungsgespräch mit Personen, die Kundenkontakt haben werden, erwähne ich immer, dass unsere Kunden nicht selten von ihrem Sterbewunsch sprechen. Es ist nicht unsere Aufgabe, ihre Not zu lösen. Aber die Reaktion auf solche Äusserungen soll nicht leichtfertig sein. Und das kann ich nur, wenn ich mit dieser Frage im eigenen Leben versöhnt bin. Ja, das ist herausfordernd, aber gewinnbringend für das innere Leben. Ich liebe diese Gespräche!

Mein Team weiss, dass ich an Jesus glaube. Ich rede und schreibe davon, was er in meinem Leben tut, und vor allem, was er in und mit der Firma tut. Die Mitarbeitenden sollen selber entscheiden, was sie mit meinen Aussagen machen. Selbstverständlich muss niemand meinen Glauben übernehmen. Bei Fragen diesbezüglich oder auch bei privaten Sorgen bin ich aber immer gerne bereit, zuzuhören und zu unterstützen. Manchmal wünscht jemand konkret Gebet, dann bringen wir das Anliegen vor Gott. Ich erinnere mich an eine Mitarbeiterin, die über heftige Zahnschmerzen klagte. Ich sagte ihr, dass ich im Stillen für ihre Zahnschmerzen beten würde. Am anderen Tag erzählte sie tief beeindruckt dem ganzen Team, dass die Schmerzen einfach weg seien! Sie war sicher, dass das die Folge des Gebetes war.

Kundenbegegnungen

Mittlerweile sind wir drei Personen, die das Bestelltelefon bedienen. Ich selber mache es sehr gerne, um an der Front mitzuarbeiten und zu erfahren, was die Kunden mögen und was nicht. Dabei entstehen persönliche Gespräche, die ich nicht missen möchte. Und ich spüre den Kummer der Senioren, die sich in der Gesellschaft an den Rand gedrückt fühlen. Der meistgehörte Satz in meinem Alltag ist: «Oh, entschuldigen Sie, dass ich störe. Entschuldigen Sie, dass ich Ihre Zeit in Anspruch nehme.» Dann ermuntere ich zum Weitererzählen und sage, dass ich es liebe, zuzuhören. Die Senioren erleben im Alltag, dass sie stören (auch hier: «stören», wie ich es als Kind erlebte). Die alten Menschen sind langsam an der Supermarktkasse, beim Lösen des Tickets am Automaten, beim Einsteigen in den Bus … Und man wirft ihnen vor, dass sie zu viel kosten im Gesundheitswesen …

Im «Restaurant Lerchenberg» hatten wir eine 99-jährige Nachbarin, die regelmässig zu Gast war bei uns. Meistens kam sie mit der zehn Jahre jüngeren Schwester. Sie erzählten dann von ihrem «kleinen» Bruder. Ach, der sei auch schon über 80 Jahre alt! Wenn sie das Lokal betrat, rief sie schon von Weitem, was sie gerne essen möchte, ohne zuvor die Speisekarte studiert zu haben. Entweder hatte ich Glück und das Gewünschte war in der Küche vorhanden oder ich konnte ihr mit Charme und Begeisterung ein anderes Menü schmackhaft machen. Die beiden Schwestern besuchten einen Englischkurs und reisten gemeinsam mit der Gruppe nach England. Sie wollten vor Ort testen, ob sie die Leute auch wirklich verstehen würden und umgekehrt. Ich habe schon von Frühenglisch gehört. Aber von Spätenglisch …? Es machte mir immer viel Freude, die beiden zu bedienen. Ebenso aus der Nachbarschaft war ein hochbetagter Kunde, der immer zu uns ins Büro kam, um zu bestellen. Ich sagte ihm, dass er auch telefonisch bestellen könne und nicht extra herüberkommen müsse, um die Bestellung abzugeben. Er war gehbehindert und ging an Krücken. Er meinte aber, dass er sehr gerne zu uns komme. Bei uns sei eine spezielle Atmosphäre! Seine Eigenart war, dass er beim Lieferanteneingang eintrat und laut rief: «Madame!» Ich rief dann zurück: «Monsieur!»

Natürlich gehört es auch dazu, dass gelegentlich Reklamationen kommen. Am Anfang kostete mich das schlaflose Nächte, selbst wenn es Kleinigkeiten waren. Heute liebe ich es sogar. Nicht die Reklamation, aber was man daraus machen kann. Meine Mitarbeiter lehre ich ja: Es kommt nicht auf den Fehler an, sondern was man daraus macht.

Es ist interessant, zu sehen, was für Gespräche sich ergeben, wenn ich einen Kunden oder eine Kundin kontaktiere nach einem negativen Vorfall. Nur schon aus dem Grund, dass ich mich als Chefin darum kümmere und die Kundschaft ernst nehme. Oft bin ich tief berührt von den Begegnungen und was die Kunden mir anvertrauen. Es gibt aber auch die Situation, wo man den Mut haben muss, nur Danke zu sagen: «Danke für die Mitteilung.» Weil es auch die Sorte Kunden gibt, die sich ein kostenloses Dessert ermogeln wollen, wenn sie etwas melden. Aber so einfach ist es dann auch wieder nicht.

Die Kunden schreiben uns oft Briefe oder Mails, um sich zu bedanken. Die beantworten wir immer, entweder ich selber oder eine Mitarbeiterin. Wir machen auch Caterings, zum Beispiel Apéros für Hochzeiten. Ich erinnere mich an eine Apéro-Besprechung, wo die Braut sagte, es finde in der Kirche Wollishofen statt (das ist ein Stadtteil von Zürich). Ich erwiderte: «Ja, dort auf dem Hügel», und schrieb auf die Auftragsbestätigung: «Kirche Wollishofen», denn für einen Zürcher ist dann der Fall klar. Am besagten Tag fuhr ich mit dem Apéro hin und war etwas erstaunt, fast keine Autos vor der Kirche zu sehen. Da die Kirche auf einem Hügel steht und nur eine schmale Strasse hinaufführt, überlegte ich, ob ich oben wohl wenden könnte mit meinem Lieferwagen. Ich rief die Verantwortliche des Apéros an, bevor ich unnötig Zeit verschwendete oder gar mit dem Auto stecken bleiben würde: «Du, kann man oben vor der Kirche wenden?» Sie antwortete: «Ja, also vor der Kirche Kilchberg kann man …» – «Was sagst du?», schrie ich fast ins Telefon. «Kirche Kilchberg? Moment, ich rufe später noch mal an.» Ich stieg ins Auto und gab Gas. Von Wollishofen bis nach Kilchberg sind es vier Kilometer. Und dann noch die Kirche zu finden ist nicht so einfach wie gedacht! Ich war erstaunt, dass selbst Passanten keine Ahnung hatten, als ich sie nach dem Weg zur Kirche fragte. Es ging letztlich alles gut. Die Silberzwiebeli auf den kalten Fleischplatten waren nicht mehr alle am selben Ort nach meiner rasanten Fahrt. Aber das war ein vernachlässigbares Detail …

Da war eine ca. 85-jährige Kundin, welche auf eine ganz besondere Art enorme Dankbarkeit zeigte. Sie erzählte, dass sie auch gläubig sei, und fragte ganz scheu, ob ich sie mal besuchen würde. Das tat ich sehr gerne. Zumal ich spürte, dass das Gespräch auch für mich eine grosse Bereicherung sein würde – ich liebe es ja, betagten Menschen zuzuhören. Sie erzählte viel aus ihrem Leben, auch wie sie zum Glauben an Gott gefunden hatte. Ihre Mutter war blind und hatte sie schon in jungen Jahren ermahnt, stets dankbar zu sein. Ich erzählte ihr von meinen Gesprächen mit Senioren, die am Leben verzweifeln, und fragte sie, was ihr Rat wäre an alte Menschen, die nicht gläubig sind. Sie fragte mich völlig überrascht: «Was, nicht glauben? Nicht beten? Aber wie kann man das aushalten? Wie kann man da zufrieden sein? Beten ist die Kraft fürs Leben! Anders geht es nicht.» Einen anderen Rat habe sie nicht. Sie selber konnte kaum mehr gehen, war schwer gehbehindert, aber tief zufrieden.

Wir machen den Kunden vier bis fünf Mal jährlich ein kleines Geschenk, das wir mit der Lieferung mitgeben. An Ostern ein Schokoladenhase, zu unserem Nationalfeiertag am 1. August einen Augustweggen usw. Beim ersten Corona-Shutdown im Frühling 2020 kam die Vorgabe des Bundesrates, dass die Senioren nicht nach draussen gehen durften. Zur selben Zeit blühte die Natur in den herrlichsten Farben und die Blumenläden waren geschlossen wegen der Covid-19-Situation. Ich dachte, jetzt wäre es schön, der Kundschaft mit der Essenslieferung eine Blume mitzubringen. Gleichzeitig verwarf ich den Gedanken gleich wieder: Woher so viele Pflanzen nehmen? Zudem würde es mein Budget sprengen.

Eine Woche später schaute ich die Post durch. Da war unsere Gratiszeitung aus dem Zürcher Unterland. Auf der Titelseite prangte eine Story über eine Grossgärtnerei, die wegen des Shutdowns zu Beginn der Covid-Pandemie Pflanzen im Wert von einer Million Franken kompostieren müsse. Sie wollten die Blumen gerne an Altersheime verschenken. Der Aufwand dafür sei aber zu gross. Ich wollte die Zeitung bereits weglegen, als mir der Gedanke kam: «Das ist doch die Antwort auf meine Idee!» Ich rief die Gärtnerei sofort an und fragte, ob ich 1000 blühende Blumen in Töpfchen von irgendetwas haben könnte. Nach wenigen Minuten sagte die Gärtnerin mir zu und schon am nächsten Morgen wurden mir 1000 Narzissen vors Haus geliefert!

Es ist unbeschreiblich, was das bei den Kunden auslöste. Unzählige Anrufe, Briefe und Mails erreichten uns mit berührenden Worten! Ein Kunde meinte, er wolle keine Blumen, man solle ihm nie mehr welche bringen. Einige Tage später erzählte er uns unter Tränen, dass er die Pflanze aufs Grab seiner geliebten Frau gesetzt habe. Auch in mir hat diese Geschichte Spuren hinterlassen – dass Gott meine Gedanken sieht und sie ernst nimmt. Ich hielt meine Idee vom Blumenschenken für eine Schnapsidee. Ehrlich gesagt hatte ich gar nicht darüber gebetet, ich sah nur meine Dimension. Und die lautete: «Geht nicht. Unmöglich.» Und ausserdem zu unwichtig, als dass ich darüber beten sollte. Aber Gott hat es gesehen und die Lösung gegeben auf eine Art und Weise, wie ich es mir nie hätte ausdenken können.

Ich habe noch viel darüber nachgedacht. Es erinnert mich an die Geschichte, als die Jünger die wirklich gute Idee hatten, dass Jesus die vielen hungrigen Menschen wegschicken sollte. Denn sie selber hatten ja nichts, um ihnen zu essen zu geben. Und es war schon spätabends. Die Idee vom Essen kam nicht von Jesus. Die kam von den Jüngern. Sie waren es, die die Not gesehen hatten. Und Jesus forderte sie auf: «Gebt ihr ihnen doch zu essen!» Die Geschichte ist bekannt. Sie gaben Jesus – fast schon zynisch, könnte man meinen – die zwei Fische und fünf Brote eines Jungen. Dann begann die Vermehrung von Brot und Fisch, und über 5000 Menschen wurden satt. Dass zwölf Körbe mit Resten blieben, musste wohl sein, damit sie wussten, da war etwas Übernatürliches geschehen.

Zugegeben, eine lebensnotwendige Mahlzeit und eine hübsche Blume zum Anschauen sind nicht zu vergleichen. Aber es war eine Lektion für mich. Ich glaube, dass die Idee des Blumenschenkens vom Herrn kam. Und die Antwort ebenfalls, damit ich lerne, dass bei Gott nichts unmöglich ist. Ich sehne mich danach, Gottes Möglichkeiten in ihren Dimensionen noch viel mehr zu erkennen. Ich rechne damit. Ich will sein Wirken sehen. Weil Jesus uns das gelehrt hat. Und ich weiss, dass, wenn er etwas von uns verlangt, er auch die Lösung bereithat. Wir müssen sie nur aus seiner Hand nehmen.

Meine Situation kommt in der Bibel vor

Wenn ich in einer schwierigen Situation bin und darüber bete, frage ich Gott oft: «Herr, kommt das so in der Bibel vor?» Nach der Übernahme des Restaurants «Meal & More» hatten wir die ersten Monate viele Reklamationen. Da waren Gäste von einzelnen Firmen, die nie zufrieden waren. Sie liessen demonstrativ ihre Teller stehen und benahmen sich nicht sehr erwachsen. Es war unmöglich, auf vernünftiger Ebene Gespräche mit ihnen zu führen. Wie wir es auch machten, es passte einigen Gästen nicht und sie machten mich auch vor anderen Leuten schlecht. Sicherlich gab es gewisse Anfangsschwierigkeiten, aber abgesehen davon, dass wir die bald im Griff hatten, rechtfertigten sie in keiner Weise das Benehmen dieser Gäste.

So ging ich auch mit dieser Herausforderung ins Gebet. Ich fragte mich, ob Gott ein solches Problem überhaupt verstehen könnte. Was würde er mir antworten? Zudem war ich absolut sicher, dass Gott mich ins «Meal & More» geführt hatte. So fragte ich: «Herr, gibt es eine ähnliche Situation in der Bibel, wie ich sie gerade erlebe?» Und ich hatte den Eindruck, dass Gott mir sagte: «Ich habe das Volk Israel während 40 Jahren in der Wüste täglich mit frischem Manna und auf Wunsch auch mit Wachteln versorgt. Doch immer haben sie gemeckert und gejammert. Nie waren sie zufrieden. Ich weiss sehr wohl, wovon du sprichst, und ich verstehe deinen Schmerz!» Es hat mein Problem nicht gelöst. Aber ich wusste nun, dass Gott mit mir ist und mich versteht. Auch solche Dinge darf man ihm sagen!

Von den schlaflosen Nächten und Sorgen in den Wochen vor dem Umzug nach Regensdorf habe ich schon berichtet: Wie sollten wir die Herausforderungen – einige Hundert Mahlzeiten mehr pro Tag, teilweise neues Personal – bewältigen? Wieder fragte ich Gott: «Gibt es diese Situation in der Bibel?» Und Jesus erinnerte mich an seine Speisung der 5000 Menschen Er weiss, wie es ist, ein Catering mit so vielen hungrigen Menschen vor sich zu haben. Auch da wusste ich mich verstanden. Jesus geht mit mir in jede Situation im Alltag.

Das ist ja auch, was ich liebe: Gott im Alltag dienen. Ich bete bei jeder Entscheidung, sei es beim Einholen von Offerten für neue Küchengeräte oder beim Einstellen (oder Entlassen) von Personal. Und was mir ganz wichtig geworden ist: Ich bete ihn an!

Im ersten Jahr im «Meal & More» musste ich Geräte ersetzen. So war etwa absehbar, dass wir bald zwei neue Kombidämpfer brauchen würden. Ich besprach dies mit meinem Küchenbauer, sagte ihm aber auch, dass mir momentan die Finanzen für diese Neuanschaffung fehlten. Er schlug mir vor, die beiden Geräte vor Jahresende zu bestellen, da die Preise im neuen Jahr steigen würden. Liefern würde er sie im neuen Jahr und bezahlen müsse ich sie erst dann. Ich stimmte zu und wir vereinbarten einen

Termin im Frühling für die Montage. Am Morgen der geplanten Lieferung gab es einen Knall in der Küche: Der Boiler eines Steamers war kaputt und das heisse Wasser floss auf den Boden. Ich erinnere mich gut, wie ich jubelnd in der Küche stand. Jubelnd über das Timing, das nur mit Gott möglich ist. Denn eine Reparatur wäre nicht infrage gekommen. Und wenn ich jetzt einen neuen Ofen hätte bestellen müssen, wäre die Lieferfrist zu lang gewesen. Ich liebe es, Gott im Alltag zu erleben!

Anbetung als Lebensstil

Anbetung war mir schon immer sehr wichtig. In Form von musikalischer Anbetung oder aber als Lebensstil. Wenn der Lebensstil nicht widerspiegelt, was ich rede, dann ist jedes Wort unglaubwürdig. Darum liebe ich meine Tätigkeit, weil es darin so viele Möglichkeiten gibt, Jesu Liebe weiterzugeben. Aber das kann man grundsätzlich in jedem Beruf tun. Denn leben tun wir für Gott. Und er sieht unser Herz, egal wie viele Menschen unser Tun dann auch noch sehen. Ich liebe die Geschichte von Josef im Alten Testament. Er wurde von seinen Brüdern nach Ägypten verkauft. Ob er als Sklave, als Gefangener oder als Ernährungsminister arbeitete: Er war immer zuverlässig, treu und auf seinen Gott ausgerichtet.

Im Neuen Testament heisst es, dass die Natur Gott anbetet. Na, wie soll denn die Natur Gott anbeten? Ich glaube, das geschieht, indem sie so ist, wie er sie geschaffen hat. Ein Apfelbaum blüht wie ein Apfelbaum und bringt entsprechende Früchte. Kein Apfelbaum würde lieber Kokosnüsse hervorbringen. Indem er eben in seiner Bestimmung lebt, ehrt er Gott. Und ich glaube, wir sollen auch so leben: nicht versuchen, etwas zu sein, was wir nicht sind und auch nicht sein sollen, sondern in unserer Bestimmung leben. Das ist Anbetung. So ehren wir den Herrn.

Als ich das erkannte, hat es mich enorm entspannt. Und glücklich gemacht. So wie ich geschaffen bin, ist es gut, und so zu leben ehre ich Gott. Und noch etwas: Die Natur gönnt sich jedes Jahr eine Winterzeit (zumindest in unseren Breitengraden). Im Winter sehen Bäume aus wie tot. Aber es gehört zum gesunden Wachstums- und Früchteprozess. Also sollen auch wir unsere Winterzeit zulassen. Wie gnädig von unserem Gott! Wir meinen, wir müssten ständig aktiv sein und Frucht bringen. Doch ohne Winterzeit gibt es keine Früchte.

An unseren Seniorenfesten ist Musik immer ein wichtiger Bestandteil. Nicht in erster Linie als bewusste Anbetung, sondern als Sprache der Seele. Wie viele demente Gäste, die nicht mehr mit Sprache kommunizieren konnten, hatten plötzlich leuchtende Augen und sangen die Lieder mit. Das hat mich selber immer tief berührt und gefreut. Wir hatten ganz verschiedene Musikstile. Und ich hätte so gerne ein Klavier gehabt, aber das Geld dafür war nicht da. So beschloss ich, um ein Klavier zu beten. Ich war sicher, dass irgendwo eines ungebraucht herumstehen würde. Seit einigen Jahren betet eine Gruppe von Freunden und Bekannten für mich und meine Firma. So schrieb ich das Klavier als Gebetsanliegen auf.

Als wir ins «Meal & More» zogen, kam mir das Lokal so riesig vor, dass ein Klavier darin verschwindend klein wirken würde. Da braucht es einen Flügel. Bei Gott kommt es nicht drauf an, ob wir um ein Klavier oder für einen Flügel beten. So beteten wir ein Jahr lang um einen Flügel. Einige Empfänger meines Gebetsbriefes meinten schon: «Na, du und dein Flügel ...» Eines Abends erhielt ich den Anruf einer mir unbekannten Frau: Sie habe gehört, dass ich einen Flügel suchte. Sie hätte einen zu verschenken. Ich müsse nur den Transport bezahlen. Mir kamen die Tränen. Als ich das Instrument zum ersten Mal sah, war ich nochmals berührt: Um die Farbe des Instrumentes hatte ich mich gar nie gekümmert. Ich wusste nur, dass sie meistens schwarz waren, selten auch weiss. Aber dieses Instrument war holzfarben – dieselbe Farbe wie das

Interieur meines Restaurants! Wow! Gott sorgt sich um solche Details. Ein schwarzer Flügel wäre nicht so schön gewesen, aber natürlich auch okay.

Mein Herzenswunsch war, mit dem Flügel eben Flügelabende durchzuführen: Anbetungsabende, um unseren Blick auf Jesus zu richten. Nicht nur, wenn es mir gut geht, sondern um seinen Namen über jede Lebenssituation zu erheben. Und auch, um die Gegenwart Gottes im Betrieb zu erheben. Die Abende finden monatlich und mitten im Restaurant nach Betriebsschluss statt.

Im Zusammenhang mit dem Thema Anbetung sehe ich auch den biblischen Bericht, wo Josua dem schwer bewaffneten Engel begegnete. Ich liebe diesen Text! Es sind nur die drei Verse 13 bis 15 in Josua 5, aber so bedeutungsvoll. Josua fragte den Engel: «Gehörst du zu uns oder zu unseren Feinden?» Weder noch – er stellte sich als der Anführer der himmlischen Heerscharen vor! Josua fragte ehrfürchtig, was er tun solle. So nach dem Motto: «Ich bin stark, ich kann kämpfen.» Was dann kommt, ist schon fast kurios. Der Engel sagte zu Josua: «Zieh deine Sandalen aus, denn du stehst auf heiligem Boden.» Dann heisst es nur noch: «Da gehorchte Josua.» Kurz darauf nahmen Josua und das Volk Israel die Stadt Jericho ein.

Ich glaube, Schuhe ausziehen auf heiligem Boden damals ist zu vergleichen damit, wenn wir heute Respekt und Achtung dem heiligen Gott entgegenbringen in unserem Leben. Oder eben Anbetung. Den Kampf übernimmt der Herr. In unserem Beispiel aus der Bibel bereits, bevor Josua überhaupt weiss, dass Gefahr droht. Das Heer in der übernatürlichen Welt ist bereits aufgestellt und für den Kampf bereit. Josua muss nur gehorchen.

Es ist erstaunlich, dass Gott sogar religiöses Tun und Fehlverhalten gebrauchen kann, um Menschen mit seinem Evangelium zu berühren. Nachbarn waren bei uns zum Essen eingeladen. Wir sassen zu Tisch und waren schnell in ein angeregtes Gespräch vertieft. Gleichzeitig füllte ich die Teller aus den Schüsseln, die auf dem Tisch standen. Der Nachbar fing bereits an zu essen, als ich in meiner frommen Gewohnheit zu ihm sagte: «Ähm, wir beten noch vor dem Essen!» Erschrocken, als hätte er eine Todsünde begangen, liess er Gabel und Messer auf den Tisch fallen, senkte den Kopf und faltete artig die Hände. Wir sprachen das Tischgebet und das Essen ging weiter. In dem Moment schämte ich mich mächtig. Ich merkte, wie fromm und lieblos ich gewesen war – eine einfach nur peinliche Szenario!

Viele Jahre später kam genau dieser Nachbar zu mir und wollte mehr wissen über Gott! Bis anhin war er völlig verschlossen gewesen gegenüber dem Thema Glauben. Wir hatten über alles reden können, nur nicht über Gott. Ich meinte, mit meinem «frommen» Verhalten damals alles für immer und ewig verdorben zu haben. Aber für unseren Herrn ist das kein Problem, er verwandelt selbst unser falsches Verhalten in Frucht. Oder wie es so weise heisst: Aus Mist wird Dünger. Wer weiss, was die Nachbarn wirklich gebraucht haben!

Gott befähigt die Berufenen

Die ersten Kapitel meines Lebens waren geprägt von der Aussage: «Das kannst du nicht. Das geht nicht. Das macht man nicht.» Und ich hatte es geglaubt. Ich bin in dieser Atmosphäre aufgewachsen. Von den ersten Lebenstagen an lebte ich in einer Sklavenhaltung. Und ich kam gar nicht auf die Idee, gross zu denken oder überhaupt irgendein Ziel zu haben. Ich war resigniert. Eingeschüchtert. Hoffnungslos. Dauertraurig.

Heute sage ich mit Freuden, dass ich nicht mehr von Angst geprägt bin. Sie meldet sich zwar immer wieder. Aber ich erlaube ihr nicht mehr, mich zu verunsichern. Ich glaube, dass Angst zum Leben gehört, solange wir auf dieser Erde sind. Aber es ist unser Entscheid, wie viel Raum wir ihr geben. Das Ziel ist nicht, komplett angstfrei zu werden. Entscheidend ist, wie ich auf Angst reagiere. Lasse ich mich von ihr einschüchtern oder widerstehe ich?

In der Bibel steht 365 Mal, dass wir uns nicht fürchten sollen. Das heisst, der Herr spricht es uns jeden Tag neu zu. Es gibt täglich viele Gründe, Angst zu haben. Solange wir auf dieser Welt sind, ist das so. In Johannes 16,33 sagt Jesus: «In der Welt habt ihr Angst; aber seid getrost, ich habe die Welt überwunden» (so im prägnanten Wortlaut der Lutherübersetzung). Der einzige Grund, sich nicht von der Angst erdrücken zu lassen, besteht darin, dass Jesus mit uns ist. Und das täglich, immer, in jeder Situation und bis ans Ende der Welt.

Einer meiner Lieblingsbibelverse steht in 2. Timotheus 1,7: «Gott hat uns nicht einen Geist der Furcht gegeben, sondern einen Geist der Kraft, der Liebe und der Besonnenheit.» Diesen Vers spreche ich jeden Morgen laut aus, bevor ich aus dem Bett steige. Ich will mir bewusst sein, dass es genau so ist. Der Geist, der Jesus von den Toten auferweckt hat, lebt in mir. Das ist eine unvorstellbare Kraft und der Grund, mich nicht zu fürchten – weil Jesus mit mir ist, und nicht, weil Angst nicht real wäre. Im Strassenverkehr, im Büro, bei der Personaleinstellung, beim Investieren, beim Leiten einer Sitzung, bei der Konfliktschlichtung, beim Arzt, angesichts der Weltlage …

Heute sind es die Stimmen in mir, die dieselben Worte der Einschüchterung gebrauchen, wie es früher Menschen taten: «Das kannst du nicht, das macht man nicht. Das geht nicht.» Und ich glaube es (meistens) nicht. Denn heute kenne ich die Wahrheit und entscheide mich in Zeiten der Anklage für sie. Kürzlich durfte ich bei einem christlichen Forum vor 500 Führungskräften meine Geschichte erzählen. Am Vorabend verbrachte ich Zeit mit Gott und betete ihn an. Da kamen diese Worte wieder in meine Erinnerung: «Wir werden es nie zu etwas bringen. Uns ist nichts Gutes vergönnt. Wir haben immer Pech. Wir sind arm und bleiben es auch. Alle sind gegen uns ...» Und gleich danach hörte ich Gott zu mir sagen:

ICH SEHE DICH ANDERS. FÜR MICH BIST DU SO WERTVOLL, DASS JESUS FÜR DICH GESTORBEN IST.

Eigentlich weiss ich das seit 40 Jahren. Aber erst jetzt hat es mein Herz erreicht und prägt meine Gedanken. Wow!

Jesus Christus ist die Wahrheit. Er ist dafür gestorben und auferstanden. Was sich geändert hat im Laufe meines Lebens, ist, wie ich mit der Angst umgehe. Die Angst klopft regelmässig an. Doch jetzt schaue ich ihr in die Augen und stehe auf. Sie ist nicht von Gott, von ihm ist der Geist der Kraft und der Liebe und der Besonnenheit! Es ist immer wieder eine Entscheidung, welchem Geist ich Raum gebe in meinen Gedanken. Wenn ich die Angst ans Kreuz bringe, wachse ich an ihr, wenn ich darin Jesu Kraft und Kühnheit erlebe.

Als Josua die Aufgabe von Mose übernahm, das Volk Israel ins verheissene Land zu führen, sagte Gott mindestens drei Mal zu ihm: «Fürchte dich nicht!» Das hätte der Herr nicht zu ihm sagen müssen, wenn Josua keine Angst gehabt hätte. Und dieser Satz war nicht eine Empfehlung oder ein gefühlsabhängiger Ratschlag. Es war ein Befehl: «Sei stark und mutig! Hab keine Angst und verzweifle nicht! Denn ich, der Herr, dein Gott, bin bei dir, wohin du auch gehst.» Wann gebraucht uns Gott? In Josuas Geschichte zeigt sich, dass Gott Menschen mit Angst gebraucht. Seine Erwartung ist nicht, dass wir zuerst ohne Angst zu leben lernen, bevor er uns beruft. Er hat mir den Auftrag «Mahlzeitendienst» gegeben, als ich am Tiefpunkt meines Lebens war. Er hat nicht gesagt: «Wenn du gesund und stark bist und dies und das kannst, dann bekommst du eine Aufgabe!» Nein, Gott hat mein Herz gesehen und mich befähigt, Dinge zu tun, von denen ich immer nur gehört hatte, dass ich das nicht könne. Der gnädige Gott war da anderer Meinung.

Das Entlarven von Lebenslügen ist ein lebenslanger Prozess. Diese Erkenntnis hat meinem Denken und somit meinem Leben eine entscheidende Wende gegeben. Das geschieht nicht nur in der Gebetszeit mit Gott. Auch mitten im Alltag zeigt der Geist Gottes Dinge auf, die nicht wahr sind, und zeigt, wie Gott sie in Wahrheit sieht. Diese Vorgänge sind wesentliche Prozesse in meinem Leben. Lügen aufzudecken und stattdessen die Wahrheit ins Leben zu lassen verändert mein Denken grundsätzlich. Das zu entdecken macht mich glücklich. Ich erinnere mich gut, wie ich im Reden mit Gott ihm meine Gedanken gebracht und geklagt habe. Und plötzlich fragte eine Stimme in mir: «Stimmt das wirklich, was du denkst? Ist das wirklich die Wahrheit?» Es waren Gedanken wie: «Ich schaffe es nicht. Ich habe keinen Platz in der Gesellschaft. Ich genüge nicht.» In diesem Moment wurde mir klar, dass ich meine Gedanken selber wählen muss. Es ist nicht meine Verantwortung, wenn negative und unwahre Gedanken wie Vögel über mir kreisen. Aber es ist meine Verantwortung, ob sie bei mir Nester bauen und bleiben dürfen!

Das war ein Wendepunkt in meinem Leben. Es war auch der Moment, wo sich meine Beziehung mit Gott veränderte. Gott war in meiner Vorstellung nun nicht mehr der strenge Herrscher auf dem Thron, dem man nichts recht machen konnte. Ich begann, mutiger zu leben und Schritte zu tun. Ein Sklave kennt die Gedanken seines Herrn nicht und befolgt nur Befehle. Ein Kind dagegen interessiert sich für die Pläne seines Vaters und lebt entspannt im Wissen, von ihm unterstützt zu werden. Der Prozess dieser Veränderung dauert bis heute an. Es macht mich glücklich, diese Veränderung in meinem Leben zu sehen!

Was mich auch wesentlich geprägt hat im Leben, war Schuldzuweisung. Ob verbal oder nonverbal kommuniziert – ich nahm freiwillig die Verantwortung für fast alles, was nicht gut lief, auf mich. Aber warum nimmt man eigentlich nur das Negative auf sich? Warum sagt man sich nicht: «Ach, das Schöne und Erfolgreiche, das gerade abgeht in der Familie, das geschieht jetzt wegen meiner Gegenwart»? Gut, das ist wohl charakterabhängig. Andere nehmen sehr wohl allen Erfolg auf sich und stolzieren mit erhobener Brust herum, ob verdient oder unverdient. Ich war so programmiert, dass alles Negative meine Schuld war, jedes laute Wort, jede finanzielle Not der Eltern.

Erst sehr viel später hatte ich den Mut, hier zu sagen: «Stopp, nein. Das ist nicht meine Verantwortung. Ich darf etwas kosten. Ich bin es wert, dieses Geld für mich auszugeben, selbst für etwas, was nicht wirklich lebensnotwendig ist.» Meistens haben dann die Menschen der nächsten Umgebung ein Problem, weil sie sich ebenfalls mit ihrem Leben befassen und verändern müssen. Das bisherige Lebens- und Familienmuster geht nicht mehr auf. Wie musste ich lernen, zu geniessen und mir etwas zu leisten, was Freude macht! Und nicht ständig zu rechnen, was man sonst alles dafür hätte kaufen können. «Lohnt sich das?», fragt der Kopf. «Nein», sagt das Herz, «aber es tut gut.» Ein Wort von Jochen Mariss. Wenn ich mich davon abgrenze, falsche Verantwortung zu tragen, ist das zugleich eine Chance fürs Gegenüber. Denn solange ich für den andern denke, tut er es nicht und lernt es auch nicht. So entstehen Abhängigkeiten, die für alle ungesund sind.

Ich bin sicher, dass die Beziehung zu meinen Eltern nicht hätte zerbrechen müssen. Meine Mutter wurde hochbetagt in ihrer Alterswohnung von diversen Pfarrpersonen begleitet. Zwei davon kontaktierten mich mit der Bitte, um des Friedens willen das zu tun, was die Mutter wolle (kurz gefasst). Ich war enttäuscht und erstaunt, dass Pfarrpersonen sich so leicht von Menschen um den Finger wickeln lassen. Ich wusste, dass ich mich selber (wieder) in eine falsche Abhängigkeit begeben würde, wenn ich um des lieben Friedens und der äusseren Harmonie willen etwas täte, was kein echter Friede wäre. Der Pfarrer hätte dann sein Ziel erreicht. Aber es war weder klug noch mutig von ihm, sondern einfach nur angepasst. Ich mache ihm deswegen keinen Vorwurf. Er wollte schlicht helfen. Aber es hat niemandem geholfen. Im Gegenteil.

Gott selber hat mich gegen alle menschliche Logik und geschäftlichen Führungsregeln da hingestellt, wo ich heute bin. Ausgerechnet ich, die ich nicht gross denken konnte. Die ich zerbrochen, scheu, resigniert, depressiv war. Aber bei Gott gelten andere Gesetze: Nicht die Vergangenheit bestimmt unser Leben, denn durch Jesus ist alles neu geworden. Das Alte, ja selbst das Schwierige muss mich nicht mehr beeinflussen. Wir müssen entscheiden, ob wir das Alte loslassen wollen. Denn unser Gott denkt nicht mehr daran!

Heute habe ich den Mut, Gewohnheiten in meinem Leben zu hinterfragen: «Warum tue ich das so oder lasse mich einschüchtern? Was ist die Wurzel?» Oft erkenne ich, dass eine uralte Gewohnheit oder Aussage dahintersteht, die ich aber gar nicht (mehr) glaube! Es hilft, sich dessen bewusst zu werden und es bewusst abzulegen: Ich lege im Gebet meine heutige Angst mit der alten Wurzel ab und bekenne, dass sie nicht mehr zu meinem Leben gehört. Und ich spreche im Gebet die Wahrheit aus, die Gott über meinem Leben sieht. Dann gilt es, diese Wahrheit einzuüben im Alltag und sie zu einer neuen Gewohnheit werden zu lassen. Das setzt unglaublich frei.

Der erste Punkt ist wohl der schwierigste und wichtigste: den Mut haben, der Angst ins Gesicht zu schauen. Das entlarvt sie und oft ist die Wucht der Einschüchterung dann schon fast weg!

Ich glaube, dass in jedem Leben Wunder geschehen. Glaube heisst, sie zu sehen und zu ergreifen. Und dann Gott dafür zu danken. In Diskussionen mit Bekannten erlebe ich diverse Reaktionen, wenn ich von meinen Erlebnissen mit Gott erzähle: «Ach, das ist Zufall.» Oder: «Das erlebe ich auch, das ist normal.» Oder: «Wenn du das so sehen willst … Für mich ist es einfach Schicksal, Glück, höhere Gewalt …» Klar, man kann es so sehen. Ich entscheide mich, Gott dahinter zu sehen, der mein Leben lenkt und segnet. Denn mein Leben ist kein Zufallsprodukt.

Da kommt mir das Beispiel mit den zehn Aussätzigen in den Sinn (Lukas 17, Verse 11 bis 19), die Jesus sahen und riefen: «‹Jesus,

Meister, hab Mitleid mit uns!› Er sah sie an und sagte: ‹Geht und zeigt euch den Priestern.› Und während sie gingen, verschwand ihr Aussatz. Einer von ihnen kam, als er es merkte, zu Jesus zurück und rief: ‹Dank sei Gott, ich bin geheilt!› Und er fiel vor Jesus nieder und dankte ihm. Dieser Mann war ein Samaritaner. Jesus fragte: ‹Sind nicht zehn Menschen geheilt worden? Wo sind die anderen neun? Kehrt nur dieser Fremde zurück, um Gott die Ehre zu geben?› Und er sagte zu dem Mann: ‹Steh auf und geh. Dein Glaube hat dich gerettet.›»

Die anderen neun wurden genauso geheilt. Sie erlebten genauso ein Wunder. Aber sie sackten es ein und gingen weiter. Kein Wort des Dankes. Neun von zehn. Heute haben wir vermutlich dieselbe Statistik der Dankbarkeit gegenüber Gott. Lasst uns das ändern. Nicht wegen Gott, sondern wegen uns. Jesus sagte zu dem einen Dankbaren: «Dein Glaube hat dich gerettet.» Glaube ich erst, wenn ich Danke sage? Ich empfange es erst mit dem Danken. Auch die anderen neun wurden vom Aussatz geheilt. Aber sie wurden nicht gerettet. Mit dem Danken und Loben bekenne ich, dass es kein Zufall war. Dass es nicht normal war. Dass es nicht nur ein gutes Schicksal war. Sondern ich bekenne, dass es Gott ist, der ein Wunder an mir getan hat. Ich ermutige dich: Öffne die Augen und beginne bewusst, Gott in deinem Leben zu sehen. In deinem Alltag. Es braucht übrigens grösseren Glauben für so viele Zufälle, die dich gerade vor einem Unfall bewahrt haben oder dir als Geschäftsmann einen tollen Auftrag beschert haben oder was auch immer! Denn du musst ja ständig Angst haben, dass die Zufallsserie abreissen könnte. Mit Gott leben wir nicht in Angst oder Zufall. Er freut sich über unseren Glauben und will uns segnen.

Hero of Hope Award

Im Sommer 2023 staunte ich nicht schlecht, als mich eine Mail vom «goMagazin» erreichte. Darin wurde mir mitgeteilt, dass ich zu den Preisträgern des «Hero of Hope Award 2024» gehörte! ich musste die Mail mehrmals lesen, bis ich begriff, dass das kein Fake war. Zuerst war ich erschrocken: «Ich bin doch kein Held!» Es war mir peinlich. Doch je mehr ich mir Gedanken darüber machte, desto mehr ermutigte es mich auch. Offensichtlich darf ich mit meinem Leben und Arbeiten Menschen ermutigen und etwas bewegen. Wenn dies die Wirkung ist, dann nehme ich den Preis gerne entgegen.

Im selben Jahr habe ich noch mehr Grund zu feiern: Anfang 2024 sind es 25 Jahre her, dass es «Gourmet Domizil» gibt! Eine schöne Zahl für eine kleine Firma. Ich schaue gerne zurück, um mich an Situationen zu erinnern, wo ich Gott erlebt habe. Obwohl es schwierige Momente gab, dachte ich nie ans Aufhören. Es ist noch heute so, dass Schwierigkeiten mich herausfordern, eine Lösung zu suchen und meinem Gott zuzutrauen, dass er genau jetzt führt und mich befähigt. Das will ich erleben. Aus dem «Das kannst du nicht» wurde ein «An meinen Grenzen beginnen Gottes Möglichkeiten» und nicht zuletzt:

> **Ich sehe dich anders. Für mich bist du so wertvoll, dass Jesus für dich gestorben ist.**

Ich war mir jederzeit so sicher, dass Gott diese Firma ins Leben gerufen hat, dass ich nie zögerte, weiterzumachen. Das ist mein Halt, das ist meine Zuversicht. Wenn ich zurückschaue, sind es die schwierigen Momente, die meinen Glauben gestärkt haben. Wenn immer alles rundläuft, bist du nicht so abhängig von Gott. Aber das ist ja das Ziel: völlig und in jedem Bereich von Gott abhängig zu sein.

Gleichzeitig ist es ein Sichlösen von (ungesunden) Abhängigkeiten von Menschen. Es ist gut, Coaches zu haben, die beraten. Aber wenn sie über mich bestimmen und mir sagen, was für mich richtig ist, bringt es mich in eine ungesunde Abhängigkeit und ich bin mehr auf diese Menschen ausgerichtet als auf Gott. Diese Erfahrung habe ich in den letzten Jahren schmerzhaft gemacht. Von mehreren «Ratgebern» habe ich mich getrennt bzw. mich aus ihrem Einflussgebiet genommen, weil ihre Autorität und ihr bestimmendes Verhalten mir nicht guttaten. Ich hatte zugelassen, dass Menschen Autorität über mich ausübten und über mich verfügten, was nicht richtig war. Ich bin damit zu Gott gegangen und habe ihn um Vergebung gebeten. Und mein Leben neu ausgerichtet.

Dieser Prozess war sehr lehrreich. Denn ich lernte, starken Menschen zu widersprechen, ohne ein schlechtes Gefühl zu haben. So wie ich mich damals unter der Autorität meiner Mutter nicht traute, Nein zu sagen, aus Angst, ein schlechter Christ zu sein, so habe ich heute den Mut, auf mein Herz zu hören und Nein zu sagen. Das ist vermutlich die grösste Veränderung in meinem Leben und auch eine Frucht meines wachsenden Vertrauens in Gott. Es hat auch damit zu tun, dass ich heute die Bestätigung von Menschen nicht mehr brauche.

In verantwortungsvoller Tätigkeit habe ich gelernt, «unattraktive« Entscheide zu fällen. Gerade im Führen von Mitarbeitern ist das gelegentlich nötig, zum Beispiel eine Kündigung auszusprechen, die niemand versteht. «Aber diese Person ist doch so lieb!» Doch lieb sein und Liebe leben sind nicht dasselbe. Jesus war nicht lieb! Und als Führungskraft habe ich die Verantwortung für die ganze Firma, nicht nur für eine einzelne Person. Ich nenne das «sich unbeliebt machen und es aushalten».

Unter Widerstand werden unsere geistlichen Muskeln stark. Im Krafttraining trainiere ich schliesslich auch mit immer grösseren Gewichten. Anders nimmt meine Kraft nicht zu. Und so ist es auch mit unserem Leben. Vor einigen Jahren hat mich eine mir sehr nahestehende Person verflucht. Mit allem Negativen, das es gibt. Zuerst war ich sehr erschrocken. Doch als ich dies zu Gott brachte, merkte ich erst richtig, welche Bedeutung Jesu Blut hat. Weder Teufel noch Hölle können mir etwas anhaben, weil ich in Jesu Blut erlöst und gerechtfertigt bin. Gleich überkamen mich ein tiefer Friede und Freude: Was kann mich denn noch einschüchtern oder mir Schaden zufügen? Wow! Ich erlebte, wie der Fluch sich in Segen umwandelte und mich beflügelte. Der Schuss ging nach hinten los!

Wenn ich zurückschaue, bin ich dankbar. Es sind meine Familie und meine Vergangenheit als Ganzes, die mich zu der Person formten, die ich heute bin. In der Bibel ist es ja auch nicht anders: Keiner der von Gott berufenen Menschen hatte ein einfaches Leben. Das hat Gott auch nie versprochen. Nicht einmal Maria und Josef, die Eltern von Jesus, hatten ein problemloses Leben. Sie mussten mit dem noch kleinen Kind sogar in ein anderes Land fliehen. Mose bekam die Aufgabe, das Volk Gottes aus Ägypten zu führen. Ebnete Gott ihm die Bahn, als er vor den Pharao trat? Überhaupt nicht; er musste diesen Weg zehn Mal gehen mit zehn Plagen, die der Herr über Ägypten brachte. Aber Gott war immer mit ihm. Das ist das Wichtigste. Mose sagte gar vor dem brennenden Busch zu Gott: «Wenn du nicht mitgehst, gehe ich auch nicht!»

Meine Geschichte soll Mut machen: Solange ich mich innerhalb meiner Grenzen bewege, schaffe ich es alleine. Erst wenn ich über meine Grenzen gehe, kommen Gottes Möglichkeiten in mein Leben. Es gibt nichts Schöneres, als Gott im Alltag zu erleben!

Viele Jahre steckte ich tief in Selbstmitleid. Ich dachte, nur mir gehe es schlecht. Nur ich würde leiden, und das endlos. Bis mir der Gedanke durch meinen Geist sauste: «Möchte ich dafür bekannt werden, was ich erlitten habe? Wie schlecht es mir doch geht und wie himmeltraurig mein Leben ist? Dann rede und lebe weiterhin in der Opferhaltung. Oder soll man darüber sprechen, was Gott in meinem Leben verändert und erneuert hat? Wenn ich wirklich an einen lebendigen, liebenden Gott glaube, dann ist ihm mein Leben nicht egal. Lasse ich ihn wirklich an mein Leben heran, lasse ich ihn etwas verändern? Oder ist es so, dass es mir eigentlich ganz gut gefällt in meinem Schlamassel und Selbstmitleid?»

Ich erschrak über diese Erkenntnis und schämte mich für mein Denken. Ich bat Gott um Vergebung für meine Einstellung und erlebe seitdem Veränderung. Deshalb schreibe ich heute mit Freude über mein Leben. Zuallererst, um selber zu staunen und dankbar zu sein, was aus meinem Scherbenhaufen geworden ist. Das ist so viel mehr, als ich mir hätte erbitten und erdenken können. Und ich schreibe, damit du Hoffnung bekommst, dass Gott dein Herz und deine Einsamkeit sieht. Er hört deinen Hilfeschrei und er antwortet. Oft gewaltiger, als wir uns das ausdenken können. Wenn ich auch über die schwierigen Zeiten in meinem Leben schreibe, tue ich es, um Mut zu machen, dass für unseren Gott nichts zu schwierig und nichts zu simpel ist. Gott fragt nicht nach unserer Kraft, sondern nach unserem Vertrauen.

Ich freue mich sehr über das, was in all den Jahren aus dem einen Wort «Mahlzeitendienst» geworden ist. Aber was mich wirklich glücklich macht, ist zu erkennen, dass mein himmlischer Vater mein Herz geheilt und mich neu gemacht hat!

Ich sehe dich anders. Für mich bist du so wertvoll, dass Jesus für dich gestorben ist.

GOURMET DOMIZIL

Meal & More AG
Telefon 044 271 55 66
mahlzeiten@gourmet-domizil.ch
https://www.gourmet-domizil.ch

Wir beliefern den Kanton Zürich und die angrenzenden Gemeinden und freuen uns, Sie regelmässig oder auch gelegentlich zu bedienen!

Seit 1999 beliefert GOURMET DOMIZIL private Kunden (Senioren, Mütter, Berufstätige usw.) mit ausgewogenen und gesunden Mahlzeiten. Unsere Gerichte werden frisch und fettarm zubereitet. Die Speisen vakuumieren wir portionenweise (in drei Portionengrössen) in Beutel oder auf einem Kunststoffteller für die Mikrowelle (die Teller können zurückgegeben werden, die Säcke sind kompostierbar). Ergänzen Sie die Mahlzeiten nach eigenem Belieben mit Butter, Reibkäse oder Ihrem Lieblingsgewürz!

Durch das Vakuumieren ist eine Haltbarkeit von 5 bis 7 Tagen bei 5° C gewährleistet. Wenn Sie die Mahlzeiten einfrieren, sind sie bis zu 8 Wochen haltbar.
Auf den Menüetiketten finden Sie die Inhaltsstoffe der einzelnen Komponenten.
Wir bieten auch pürierte Mahlzeiten, Diabetikermenüs, Zöliakie/ Lactosefrei. Ausserdem gibt es bei uns gluschtige Wochendesserts, saisonale Klassiker, Birchermüesli, Suppen und Wähen.

Unsere Menüpläne sowie die Preise sind jeweils online auf unserer Homepage ersichtlich.
Ende Monat erhalten Sie die Rechnung mit Einzahlungsschein per E-Mail oder in Papierform (Zusatzkosten: CHF 3,–).

Die Lieferung erfolgt durch unsere angestellten Fahrerinnen und Fahrer.
Für weitere Fragen stehen wir Ihnen gerne zur Verfügung!

En Guete wünscht Ihnen Ihr

GOURMET DOMIZIL
Regula Sulser